中等职业学校电子商务类专业系列教材

# 农村电商实务

陈祖才　林　夏　廖　毓　主编

中国财富出版社有限公司

图书在版编目 (CIP) 数据

农村电商实务 / 陈祖才，林夏，廖毓主编. — 北京：中国财富出版社有限公司，2024.12

中等职业学校电子商务类专业系列教材

ISBN 978－7－5047－7609－9

Ⅰ. ①农… Ⅱ. ①陈…②林…③廖… Ⅲ. ①农村—电子商务—中等专业学校—教材 Ⅳ. ① F713.36

中国版本图书馆 CIP 数据核字（2021）第 243707 号

| 策划编辑 | 谷秀莉 | 责任编辑 | 田　超　刘康格 | 版权编辑 | 李　洋 |
|---|---|---|---|---|---|
| 责任印制 | 梁　凡 | 责任校对 | 卓闪闪 | 责任发行 | 于　宁 |

| 出版发行 | 中国财富出版社有限公司 | | |
|---|---|---|---|
| 社　　址 | 北京市丰台区南四环西路 188 号 5 区 20 楼 | 邮政编码 | 100070 |
| 电　　话 | 010－52227588 转 2098（发行部） | | 010－52227588 转 321（总编室） |
| | 010－52227566（24 小时读者服务） | | 010－52227588 转 305（质检部） |
| 网　　址 | http://www.cfpress.com.cn | 排　　版 | 宝蕾元 |
| 经　　销 | 新华书店 | 印　　刷 | 北京九州迅驰传媒文化有限公司 |
| 书　　号 | ISBN 978－7－5047－7609－9/F・3413 | | |
| 开　　本 | 787mm×1092mm　1/16 | 版　　次 | 2025 年 1 月第 1 版 |
| 印　　张 | 11 | 印　　次 | 2025 年 1 月第 1 次印刷 |
| 字　　数 | 203 千字 | 定　　价 | 45.00 元 |

# 编委会成员

**主　编：** 陈祖才　林　夏　廖　毓

**副主编：** 赖洁珍　陈秀梅　杨秋霜　罗华锋

**参　编：** 姚李华　李佳惠　巫青松　罗崇强　陈信荣　梁启成　廖春凤　赖来信　吴立权　黄世集　陆玉馨　韦春红　李崇新　王登梅

# 前　言

随着新技术的发展和新消费模式的崛起，我国的商业环境正发生改变。尤其是广袤的农村地区，在以电子商务为代表的新模式的推动下，正发生着巨大变化。

伴随物流网点的建设，互联网在农村的渗透在不断加深，电子商务在农村的覆盖率正逐步增加。农村电商促进了农村经济发展，促进了新型城镇化建设，促进了人才和资金等资源回流农村，对改善农民生活和农村社会面貌、推进精准扶贫及乡村振兴有重要的作用，是解决农业升级、农产品上行、农民增收、农村发展等问题的重要路径。

2024 年，由商务部等 9 部门共同印发的《关于推动农村电商高质量发展的实施意见》中指出：发展农村电商，是创新商业模式、建设农村现代流通体系的重要举措，是转变农业发展方式、带动农民增收的有效抓手，是促进农村消费、满足人民对美好生活向往的有力支撑。

基于此，编者依据国家政策，结合农村发展现状，组织编写了本书，旨在为农村电商相关从业人员提供参考。

## 本书编写特色

- 学以致用：本书定位于培养农村电商应用型人才，不仅讲解电子商务入门操作，还涵盖了策略、规划、技巧等方面，实操性强，让读者真正掌握农村电商应用的方法与技巧。
- 资源丰富：本书融入大量热点话题，可以引发读者思考，拓宽读者的视野；同时，全面详细地对农村电商进行了解读。

- 做学一体：打破长期以来理论与实践分离的局面，以工作任务为中心，实现理论与实践的一体化教学。

本书编写过程中参阅了大量的相关资料，吸取了许多有益的内容，但由于编写时间仓促，加之编者水平有限，书中错漏之处在所难免，恳请广大读者批评指正。

编者

2024 年 1 月

# 目　录

# 项目一　农村电商新发展

**【知识目标】**

1. 了解农村电商相关概念。
2. 了解农村电商发展现状。
3. 掌握农村电商基本模式。
4. 了解农村电商基本运营流程。

# 任务一　农村电商相关概念

农村电商，简单地说就是在农村做电商，包括“农村买”“农村卖”，现在，农村电商概念正逐步扩大为县域电商、县域经济。农村电商已经不再是农产品买卖的问题，而是成为关乎农村城镇化进程的问题。

大部分人认为农村电商属于“三农”惠民的范畴，是帮助农民在农村建立基于互联网和电商的商业模式，以及围绕这样的商业模式建立一个行业生态圈，包括物流、支付、通信等周边配套。所以，要在阐述清楚这些问题的过程中，循序渐进地把与农村电商有关的概念讲清楚，使无论是该专业的学生，还是有志于在农村创业就业的读者们，都能够得到帮助。

## 一、农村电商的定义

如何更准确地定义农村电商？

前面说过，农村电商就是“农村买”“农村卖”。

对于“农村买”，大家不会感到陌生，如阿里巴巴农村淘宝项目的农村代购点、京东平台的京东帮服务店，以及配套的比如农村物流中的村级快递配送等。

“农村卖”，就是在农村和县城中经营电商零售业务，把本地的或附近的产品卖到外地并赚取利润，甚至培养出优秀的区域性电商企业。如此一来，既能享受农村和县城较低的生活及配套成本，又能结合当地特色做差异化零售，还可以利用电商行业最前沿的技术和方法。

做完了简述，再来看看更准确、更严谨的农村电商的定义：农村电商是将互联网电商应用于县、镇、村的农业环境，提高农业资源利用率，拓展农产品销售渠道，帮助农业从业者致富的商业模式。

“互联网＋农村”既是电商企业拓展农村消费市场的前提条件，也是农村致富的新途径，能够为更多农民带来便利。

## 二、农村电商的发展背景

农村电商最初的发展，是在农村地区网购逐步普及的背景下开始的，但农村早期的通信、网络、交通等，都无法支持便捷的网购，更不用说在这样的条件下开网店卖货了，即使有，也是以售卖虚拟物品（如充值卡）为主的网店。

从“三农”的角度看，城镇化首先开始于农村，即对土地、公共基础设施的城镇化改造。在对农村进行城镇化改造多年后，另一个层面的城镇化需求也大幅提升，那就是农民。当物质条件改善后，人们开始在精神上追求更有序、更便捷的生活，因此，农民层面的城镇化开始了。

农民的生活、工作、娱乐三大日常需要是和电商相关的。当互联网出现后，农民的精神生活很快就开始依赖互联网。此后，因为电商的出现，农民可以用信息和商品来改善自己的日常生活、工作和娱乐。这时的物质改善，有别于第一层面，不再是宏观公共的，而是微观个人的。

在农民层面，互联网和电商将同时在微观个人的物质生活改善和精神生活改善上发挥关键的作用。如果没有互联网，最新的信息、最新的商品都无法很快地进入农村，农村生活和城镇生活将会有很大的差异。

下一个层面，即农业。互联网使传统农业逐渐向智能农业转变，比如无人机在农业中的大量应用，还有因为技术进步而逐步产生的农业规模化、自动化，大型农场化农业也会越来越多地替代传统的小农业。除了在农作物生长方面的作用，电商基于互联网的特点，要求农产品能够保证基本的标准化，比如卫生是符合标准的，作物的质量是符合标准的。同时，为了迎合更便捷的生活需求，农产品还需要做深加工，例如，传统的山核桃，市场规模很难短期扩大，但像“三只松鼠”这样的互联网电商坚果品牌，把山核桃进行深加工，变成了方便购买、运输和食用的预包装零食，这样就可以吸引大量的“吃货”群体在线购买。

综上所述，如今谈论的农村电商，实际上是在谈论互联网和电商对“三农”的改变，是结合互联网产生全新的生活、生产、商业模式等现象的综合概念。

电商产业本身因为新技术、新模式的产生，使过去老的电商模式正在受到冲击，已经非常明显地改变了“大平台 + 小商家”模式。

因此，互联网来到农村，带来了城市化的生活、工作、娱乐，使农村的生活更便捷、更舒适。

## 三、农村电商的范畴

### （一）农村电商的“上行”与“下行”

谈到农村电商，很多人的第一印象就是“卖地方特产”，把农村的产品——主要是农产品，通过网络销售到全国甚至全世界。但这其实是农村电商的“上行”部分，对应的，还有农村电商“下行”部分。那么，这两者到底有什么区别？应该怎样理解？

在简单理解“上”和“下”的时候，通常把网络作为“上”，农村作为“下”，这样就很容易和电商行业常说的“线上”Online 和“线下”Offline 概念挂钩。因此，“上行”，也很容易被称为“农产品上网”，但实际上，一个完整的“上行”，是指农产品被售出，完成整个销售确认和评价的过程。同理，“下行”是指农产品从网上被购买，通过配送链到达消费者手中的过程。

在农村电商的“上行”里，售出的商品以农产品为主，这也是为什么市场普遍将农村电商的“上行”称为农业电商。这里出现了一个新的概念“农业电商”，事实上，农业电商的范畴，也大于农产品的网络买卖，农业电商同时还包括农资、农业服务、环境保护、大宗 B2B 等多样领域。在消费品零售作为电商主要业务的电商行业圈，人们很容易把农村电商与农业电商的交集——农产品的买卖，作为狭义的农村电商。毕竟，对于地方政府和农民而言，能够通过电商增加收入、推动生产，是考量一个行业的首要因素。

那么，从上面的表述中已经看到，狭义的农村电商，可以被限制为农产品的“上行”，并稍微拓展到普通消费品向农村销售的“下行”。而广义的农村电商，可以把农资、农业服务、大宗 B2B 等农业电商行为纳入进来。

在我国的互联网与电商行业发展历程中，消费领域是行业的先锋军，很多新的模式，都是在消费领域首先出现，再启发和带动大宗和工业等生产领域的发展。因此，互联网带给产业发展的助力，首先是在信息互通的层面，其次是在整个信息产业的层面，使信息传播变得更加丰富多彩，并随着Web交互技术的不断发展，使人机互动的方式产生改进。进而，人通过机器与网络能够传递的信息，从单纯的图文转向了音频、视频、体感，并基于这些基础的信息单元，衍生出金融、信用、行为偏好等大数据的统计学产物。这样的发展，应用于商业领域，就形成了丰富多彩的电商应用以及日新月异的电商模式。

而当这样的信息技术与电商进入农村商业市场时，与农村中原有的商业、农业等行业相结合，就产生了“农村电商”的大概念。

### （二）“上行”的主要问题详述

无论是地方政府还是农村电商创业者，“本地特产走出去”是一直没有停止过的梦想。在各大电商平台能够看到很多“别人家乡的特产”，精美的页面、诱人的产品照片、亲切高效的服务、标准的发货流程、显档次的包装物料、有创意的产品实物、完善的售后、大量买家诚恳善意的好评……这就是很多人希望达到的“特产电商”美好场景。

在这个场景里，首先要有的是特产，也就是农产品，地大物博的中国，各地都有特色农产品，也有各地引以为豪的特产。而一种特产，要变成“特产电商”市场上的宠儿，需要做以下基本的准备工作。

第一，供应源头的严格筛选。在种植、采摘过程中，原来的种植户、加工商，需要更加精细化的运作。在过去的线下流通中，残次品在各个采购环节中被逐步淘汰，但在网购的时候，因为直接面对消费者，环节被减少，作为生产商或者源头供应商的卖家，需要仔细地分拣产品。电商产品主要靠图片呈现，卖家可以选择卖相最好的样品拍照，但如果消费者实际收到的产品和图片差距太大，会产生大量差评和售后纠纷。

第二，产品本身需要深加工或深度营销包装。产品面向电商的深加工分为两个方面，一方面是指挖掘和强化产品特性的加工，如常见的去污、摘叶等供应端的精细化管理加工；另一方面是为了适应网络零售年轻化、快捷化等特点，需要对产品进行易于快递运输、小包化、零食化的创新加工，使产品跳出单纯的食材市场，进入零食和预包装食品市场。而产品的深度营销包装，则包含更丰富的内容，首先，从产品的定位开始，除了深挖产品本身的亮点，还要借鉴互联网时代用户体验优先的思路，对产品的食用（使用）全过程进行细致的用户体验测试，把用户从选购到食用（使用）、多次食用（使用）、搭配食用（使用）等所有流程，都清楚地罗列，并思考如何在每个环节做好。其次，是使用符合网购消费市场文化的符号和设计思路，设计产品的识别体系，并围绕这个识别体系设计整体的营销策略。值得一提的是，在农村电商中，需要将产品特点与它所处的地方文化特色相结合。这一点，在营销策划时需要特别关注，因为大部分的产品，其文化价值也是消费中很重要的附加价值，它让产品更有吸引力。

第三，在完成初期的产品定位、产品深加工和包装后，就进入产品信息数字化的环节。这比在城市做电商更有挑战性，因为从照片拍摄、音视频制作、图片处理、页面排版，到内容文案策划等工作，农村都缺乏配套资源。那么，是否能以有限的资源投入，适当的技巧和工具，获得可接受的数字化结果呢？答案是肯定的。在拍摄方面，有特定的设备、技巧，与城市电商有所不同的是，既然是针对农村电商，则拍摄资源的配置会倾向于专用而非通用，这可以大幅降低资源投入。其他环节同理，如排版，可以采用通用模板的方式完成，在如今的电商中，这已经不是什么难事。随着电商行业逐渐成熟，也产生了经过行业验证有效的数字化管理方法。农村电商在进行“上行”销售工作时，可以采取最小化启动的模式，因为电商工作最难的部分在于启动，而难以启动最大的原因就是各方面条件都不具备，最终归结为“缺人才”这个伪命题。因此，可以用最简单易行的工具，尽快开始，在做的过程中逐渐优化。

第四，人才需求。农村电商最依赖的是服务型人才，也就是具备零售服务意识、产品服务能力的人才。但这样的人才，并不是标准化的人才，并不能从学校教育得到这样的人才。对于熟悉产品、具备消费者服务意识和能力的新一代电商服务型人才，是指能在面对产品和消费者的过程中习得技能的人。而服务意识很大程度上与生活环境、生活节奏有关系，在农村，生活环境比城市简单，生活节奏也比城市慢，更利于服务意识的建立。加上近年来农村电商的产品销售趋向于与农村特色旅游相结合，消费者选购农村电商特产商品时，是在一种愉悦的氛围中进行的，只要在售前售后完成合格的服务，就可以获得较好的购物体验。而在售前售后方面，最容易出现的首先是产品质量问题，特产商品比标准工业化产品更容易出现质量问题与期望值差异；其次是物流问题，特产商品的特殊性，对物流有更高的要求，会导致物流出现问题的概率远大于标准工业化产品。当农村电商能够实现合格的售前售后服务时，农村电商本身在购物体验方面的优势，也可以弥补上述短板，最终提高整体购物体验。

第五，在谈到近年特别火爆的“农旅电商”时，还涉及农村电商O2O的概念。农产品最佳的销售场景就是游客在现场游玩时，在大自然环境中体验到原生态，对农产品产生较大的消费兴趣。而“农旅电商”中O2O渠道的打通，将整合线下消费和线上发货的优势，解决了旅游中特产销售不及时、不好携带等问题。同时，由于购买便利性提升带来的购买率上升，可以使销售效率提升，进而降低渠道成本，控制合理售价，避免高价宰客现象，进一步提升旅游体验。

### （三）“下行”的主要问题详述

“下行”，简单地说是农村消费者网购，看起来只是一件花钱“买买买”的事情。但是否真的这么简单，只要花钱买东西就可以了呢？事实上没那么容易。农村电商“下行”反映着一个地方的互联网电商基础设施建设水平，而基础设施建设水平，则是影响当地农村电商“上行”，甚至当地整个互联网产业发展的最核心指标，这个指标上不去，对于县域和农村来说，发展电商、互联网大多会是无用功。

从过去互联网的发展来看，看似没有经济价值的行为，如游戏、聊天、看剧等，事实上是推动我国互联网产业快速发展的核心因素之一。在精神娱乐匮乏的年代，电脑和网络迅速成为主流娱乐方式，许多人是通过游戏、看美图接触互联网的，第一批互联网行业创业成功的案例，也都来自第一批网民，简单说，如果卖家不熟悉互联网，怎么能服务好消费者呢?

电商同样如此，优秀的卖家，尤其是草根创业的卖家，必备的能力是深刻理解消费者的心理和行为模式。而获得这种能力，最直接的方法就是“买买买”，使自己成为一个网购消费者，切身体会之后，再代入角色，转换到卖家的角度去思考，这也是所谓“电商大牛”和“技术小白”之间最本质的一个差异。很多学习电商的新卖家，往往追求电商运营的各种方法和套路，却忽视背后消费者体验的本质。即使是淘宝平台，也要尽全力维护消费者的购物体验，才得以吸引和留住消费者，从而保持巨大的流量。作为卖家，如果不考虑背后的体验本质，则很容易被规则变化弄得疲于奔命。所以说，作为电商卖家要入门和提升，其实已经非常便捷了。网民数量、网购消费者数量，一定会决定此地互联网、电商意识的发达程度。

# 任务二　农村电商发展现状

电子商务在我国正在如火如荼地兴起，但发展却不够平衡，特别是农村电商起步晚，发展缓慢，导致农产品交易的途径不够丰富。可喜的是，政府正在加大投资和政策扶持力度来弥补农村电商的短板。

## 一、农村电商基础设施加快发展，网购市场快速增长

网购是电子商务的基础应用，随着网购市场的增长，各类电子商务应用将快速切入农村生产生活的各个方面。近年来，农村网购市场增长速度超过了其他领域网购增长速度，是电商领域增长最快的版块，这为电子商务的各类应用的切入打下了良好的基础。

## 二、农村电商持续发展，形成了集聚态势

电子商务具有超越时空的特性，这种特性使商品卖家不需要在城镇区域集聚，这使农村电商持续发展，并在一些农村区域形成了集聚态势，带动了当地居民收入的提升和地方经济的发展。农村电商在农村地区发展，拓展了农村的经济发展模式，拓宽了农民的收入渠道。

## 三、农资电商步入稳定发展期，商业模式创新力度加大

在农资电商方面，近年来因其巨大的市场潜力而获得了资本的青睐，大量农资

电商平台纷纷上线。在农资电商稳定发展期，商业模式创新成为支撑农资电商发展的重要手段。以阿里巴巴旗下的“农村淘宝”为例，其主要采用C2C模式，以加深农村用户与城市用户互动。主要特点是与地方政府合作，政府提供宣传、财务、场地、培训等方面的支持，依托阿里巴巴丰富的生态体系，借助淘宝和天猫这样的平台，为工业品“下行”和农产品“上行”搭建服务网络，发挥电子商务优势，突破物流、信息流瓶颈，实现“工业品”和“农产品”的双向流通。

京东也在多个方面进行商业模式创新，采用B2C模式，围绕线下便利店加盟。一方面，利用平台自有资源，通过京东乡村推广员线下联动，实现了农资多元化营销的快速增长；另一方面，加大与各大农资供应商的合作。例如，京东与先锋种业合作，在山东省济宁市汶上县推出了与京农贷相结合的农资电商模式。又如，京东与复合肥品牌金正大合作，在京东平台上打造了“农商一号”旗舰店，农民可以在京东乡村推广员手把手的帮助下，选购到正品低价的农资产品，享受京东送货上门、货到付款甚至分期付款的服务。

云集采用B2C、零售、分销、平台赋能商家多种模式，通过云端资源的共享，聚合商品、物流、客服等资源，将其开放给店主，通过产业链赋能将店主的成本几乎降到“0”。店主只需要在网络社交圈将商品信息推广给消费者，就能带来客流和交易。不同于传统电商模式，社交电商基于个体信任，通过社交关系实现商品信息的传递和交易的达成，实现商品与个体之间低成本、高效率链接。

拼多多则采用C2B、S2B2C模式，以消费方需求推动生产方，平衡供需。拼多多可以通过拼团方式将大量农产品集中，然后分销到消费者手中，在一定程度上可以达到先有需求后有供给的定制化生产模式，帮助了大量农村生产者销售产品。较传统农产品“上行”，效率大幅提升。

## 四、农村电商开始进入农村各类服务领域

在我国经济发展过程中，服务领域的差距是城乡间差距的主要部分。在电子商务的推动下，城乡之间商品流通的差距日益缩小。近年来，有一些平台开始关注城乡服务差距的问题。例如，村村乐通过招募网络村干部，从农村刷墙起家，现已提供路演巡展、电影下乡、村委广播、农家店、农村旅游、农村供求，甚至提供农村贷款与农村保险理财等服务。小猪短租从民宿市场切入，为乡村旅游提供助力。

## 五、政策对发展农村电商的持续支持

在“互联网＋农业”发展的大背景下，农村电商或迎来历史发展机遇，其未来前景早已引起了政府的高度关注。2015年以来，有关农村电商的政府文件也陆续出台。2016年4月22日，8个部门联合印发《“互联网＋”现代农业三年行动实施方案》，明确了未来3年的总体目标，提出到2018年，农业在线化、数据化取得明显进展，管理高效化和服务便捷化基本实现，生产智能化和经营网络化迈上新台阶，城乡“数字鸿沟”进一步缩小，“大众创业、万众创新”的良好局面基本形成，有力支撑农业现代化水平明显提升。2017年，“中央一号文件”首次将农村电商作为一个条目单独列出来，再次表明了政府大力扶持农村电商的决心。

## 六、地方政府扶持农村电商存在的问题

政策对于农村电商的扶持，将极大地推动电商的发展，但也显现出不足的一面，主要表现在以下几点。

一是忽视市场调节的作用。在国家政策的大力推动下，地方政府纷纷采取措施扶持电商。但一些地方政府在支持农村电商的时候，存在更优选择。例如，地方政府规定要建立多少数量的产业园、达到多少产值、培训多少电商人才、建成多少网点等，并对各项指标量化细化，这就违背了电商的市场规律，造成为了目标偏离实际的情况。市场的发展不是计划出来的，而是市场化调节的结果，只有在面对市场竞争的时候，才能根据市场的发展特点对自身进行调节，最终修正市场行为。

二是政策扶持难以为继。发展农村电商，需要依靠懂电商运营或者电商管理的人员，这些人员需要培训。有些地方政府在培训中，既投入了大量的人力和物力，也出台了相关的政策，但这些投入不是短时间就能带来利润的，政绩显现得就慢。所以，有些地方政府往往缺少持续的投入，造成政策扶持断档，结果出现了大量电商“半拉子”工程。

三是扶持电商“一阵风”。许多地方政府看到了发展农村电商的优势，产生了推动电商发展的热情，“热”劲一上来，就满怀期待。但农村电商有先天的不足，农村基础设施本身还处于一个不完善的状态，导致电商在农村发展缓慢。在这种情

况下，容易使急于出政绩的地方政府产生懈怠，不能从长计议，“热”劲过后，很快就冷了下来。此外，农村电商企业在面对困难时，也容易失去耐心。

## 七、当前农村电商呈现的发展特点

农村市场需求旺盛，农村电商呈现出持续快速增长的态势，各级政府纷纷出台政策给予扶持，促成电商企业把触角伸向农村，这些都为农村电商的发展提供了强有力的支撑。具体而言，呈现以下发展特点。

### （一）村级电商网店呈普遍性

以淘宝为例，从2009年开始，淘宝村经历了萌芽、生长、大规模复制、模式创新等阶段，至今在全国范围内符合标准的淘宝村超千个，覆盖活跃网店超过20万家。这些淘宝村分布于近20个省市区，其中，浙江、广东、江苏淘宝村的数量位居全国前三位。从某种意义上说，淘宝村的建设，在运营与管理上具有更多的正面效应。

### （二）农村电商模式呈多样性

农村电商模式的多样性，体现在“综合服务商＋电商＋传统产业”模式、“区域电商服务中心＋青年电商”模式、“生产方＋电商”模式、“专业市场＋电商”模式、“集散地＋电商”模式、“农产品供应商＋联盟＋采购企业”模式等。在实践中，从不同的实际情况出发，又可以细化成更多的模式。

### （三）农村微商呈多层次性

农村微商由3个方面构成：微店、微店平台和微商技术服务商。表现为多层次代理、微来购和云微商、极享平台、微商城、公众号平台等形式。微商已经成为广泛应用农村电商的一种形式。

### （四）供销社电商异军突起

全国供销合作社电子商务平台——“供销e家”于2015年正式上线，标志着我国成立了具有供销合作社特色的电子商务综合平台，起到引领农村电商的“国家队”作用，能为供销社系统和“三农”提供优质服务。其意义体现在以下几点：一是突出供销社系统的业务特点，开设特色农产品销售专区，解决农产品卖难问题；二是发挥合作经济组织的资源优势，建立农产品产销对接、农业社会化服务、国际合作社商品直供等专区，着力打造果品、茶叶、食用菌、棉花、粮油、农资等传统产业专区；三是提供“供销云”技术服务，为各级供销合作社开展农村电商提供后台大数据、云计算等技术支撑，减少地方供销社在软硬件方面的投入，并在技术上保持行业领先水平。

## 八、制约农村电商发展的因素

农村电商拓宽了农产品的销售渠道，促使农产品朝规模化和标准化发展，虽然好处多多，但在发展过程中，还是出现了许多问题，造成进度缓慢。这些问题在一些偏远和不发达的农村地区尤其突出，主要体现在以下方面。

### （一）电商专业人才不足

受制于待遇和地理位置等因素，农村电商无法引入和留住高素质的专业人才，导致人才缺乏。服务人才的整体环境与专业人才的期望也存在差距，导致专业人才留不住、部分专业人才外流。

在农村，不少人对电商还有模糊认识，认为“会上网就能开网店”，对电商经营环节中所需要面临的产品策划、质量标准制定、品牌包装、宣传推广以及销售、物流、售后等环节缺少认识，从而漠视这方面的专业人才。事实上，即便是管理相对粗放的农村电商，各个相关环节也马虎不得，没有专业人才，农村电商很难在激烈的市场竞争中保持不败。

没有合格的电商专业人才，会导致农村电商在发展中出现两个偏差。一是把电商看作一个独立的产业形态，为电商而发展电商，与实体产业结合不紧密，最终使电商成为无源之水，难以为继；二是把电商看作一般营销手段，忽视了与现有产业的融合，结果就是一只巴掌难拍响。

年轻人的文化素质相对高一些，但许多农村年轻人外出打工，不愿回乡创业，导致农村人口结构发生很大的变化，留守的都是儿童和老人。而老人对电商的接受能力和学习能力都比较弱，有的地方一个村连一个会操作电脑的人都没有。所以说，缺少专业人才是制约农村电商发展的最大瓶颈。

### （二）基础设施滞后

我国是个农业大国，广阔的农村市场潜力是难以估量的，但并没有被完全开发出来。并不是没有人想到这一点，而是在他们面前出现了三只“拦路虎”：第一只“虎”是农村物流基础设施滞后，导致物流成本高昂，只能通过邮政体系进行配送，价格高且速度较慢，一般电商无法承受；第二只“虎”是农村网络基础较差，而智能手机的普及又受限于网络，导致上网的困难；第三只“虎”是许多农村群众还未接触网购，更没有网上支付的习惯。

### （三）农产品质量难以保证

农产品质量难以保证，会严重制约买方市场的购买欲。所以，解决农产品标准化问题是当务之急。农产品很难有统一标准，农业生产多以小户、散户为主，而少量的种养大户和专业合作社又缺乏质量意识和品牌意识，没有建立涵盖生产过程的质量管理体系，产品质量难以保证，难以形成品牌效应，消费者关注的“农药残留”和“激素”问题也就无从解决。

解决农村电商所面临的种种问题，需要政策的扶持，只有加大政策扶持力度，才能积极促进企业进农村。政策问题解决后，电商从业者就需要严格把握各个环节，严格掌控产品质量，让农产品成为高质量的放心产品。

# 任务三　农村电商基本模式

农村电商出现的时间并不长，它直接扎根于农村，服务于“三农”，使农民成为最大受益者。阿里巴巴、京东、苏宁等企业纷纷提出自己的农村电子商务战略，在广袤的农村市场上大显身手；像乐村淘、淘实惠和赶街这样的企业，也在农村电商市场上开疆拓土；还有诸如中国邮政、中华全国供销合作总社等也纷纷提出农村电商战略。如今，农村电商如雨后春笋，迅速在农村生根发芽，并形成了互利多赢、各具特色的电商模式。

2015 年起，涉及农村电商的国家文件、地方政策频频出台。同时，众多电商企业在城市市场中举步维艰，屡遭瓶颈，纷纷将投资目光转向农村消费市场。阿里巴巴、京东、苏宁等电商巨头和一批初创型企业，开始紧锣密鼓地布局农村市场，几度掀起了“电商下乡”热潮，各种电商模式也是百花齐放。

## 一、外来电商模式

这里的“外来电商”是指那些城市电商的巨头们，这些电商已经存在多年，有一定的网络基础和经营模式，最近几年才把目光投向农村市场。

### （一）“公共服务 + 农村淘宝”模式

这种模式就是把网络平台植入农村市场，并与地方政府紧密合作，招聘农村淘宝合伙人，进行专业培训。依托网络平台，实现工业品和农产品在城乡之间的双向流通，实现工业品下行和农产品上行。

这种模式以阿里巴巴农村电商为代表，其中“淘宝网”是这种模式的重心。

具体做法是在当地政府的支持和合作下，在县域层面建立公共服务中心，由当地政府提供宣传、场地、培训、财务等方面的支持，公共服务中心则配备阿里巴巴县域“小二”，负责辖区内农村淘宝的管理、业务拓展以及村淘合伙人的录取与考核；并设立村级淘宝服务站点，从事网上交易的代卖代购和快递的代收代发工作，主要盈利点是每一单的佣金提成；同时村淘合伙人也负责当地农特产品的网上销售工作。

这种模式的负面效应，一是对原有农村市场形成较大冲击，使本地商家面临越来越大的生存压力；二是本地实体商贸流通体系在外来平台的冲击下受损，地方税收被吸到外来平台所在的地区，加大了地区间发展差距；三是农村淘宝依靠县域“小二”和村淘合伙人制度，很难在短时期内形成有效的农产品“上行”体系，村淘专职合伙人收入依靠代购佣金，而在网购需求有限的小村、穷村，村淘合伙人的生存处境困难，容易丧失信心。

尽管这种模式存在某些问题，但它的探索助推了我国农村电商的热潮，为我国农村电商的发展提供了理念、经验、人才和物质基础。

### （二）“双线发展、渠道下沉”模式

这种模式的核心，是利用自己的平台和物流系统优势，在原有基础上拓展市场，实现渠道下沉，在农村电商市场上打造正品行货的品牌优势，从而打开农村消费市场；再通过服务站吸收本地服务商加盟，快速实现村级市场的布点覆盖，同时解决产品尤其是大件产品的售后服务问题。

以京东的做法为例，所谓“双线发展”，就是指县级服务中心和服务站同时推进。县级服务中心依托原有的配送站，独立地开展家电以外的商品营销、配送和展示业务。服务站采用加盟合作的方式运作，负责自有平台上大家电的配送、安装、维修和营销。为了真正做到“电商下乡”，县级服务中心和服务站还打通了农村市场，借助自营电商的货源优势，进军农村消费市场，实现让村里人与城里人享受同样消费服务的目标，这就是所谓“渠道下沉”。

“双线发展、渠道下沉”模式的不足之处是工业品下行远大于农产品上行，作为自营 B2C 电商，如何利用自身集中采购优势，如何与农村产业链服务融合，真正助力农产品上行，还有待解决。

### （三）“县域中心 + 产销联结”模式

这种模式的运作理念，是让每一个县域成为一个中心，让“数据、人才、税收”留在县域，并通过与外部生态的联结，在每个县域自循环的小系统上，构建全国性的大生态系统。

这种模式以淘实惠电子商务平台为代表。他们的做法是，总部平台与各个县域平台之间保持平等合作的关系，总部负责信息系统的开发、业务指导与培训、县域合伙人招募以及信息汇总等。县域平台借助总部提供的大平台和信息系统开展本县域的业务，主要业务包括网点拓展与培训、仓储物流服务、区域平台维护等。各个县域平台自负盈亏，人员、财务、资产等自行解决。

这种模式在县域层面构建本地化的电子商务平台。本地化体现在县域互联网自生态，即在县域层面利用互联网构建围绕本地流通体系的电子商务生态系统，帮助本地流通业态实现信息化转型升级，需求和资源等优先在县域内部进行满足和配置。

县域互联网自生态是一个去中心化的资源配置模式，各地县域合伙人负责各自区域内的资源配置，对区域内的网点拓展、仓储配置、人事管理、发展规划等拥有独立的决策权。整个平台系统是一个分散决策的自我协作体，除了数据需要向总部汇总，各地并不存在一个中心化的决策主体，各地县域合伙人本身就是当地县域电商的决策者和执行者。

这种模式在全国层面通过特定渠道将各个县域进行联结，激活原本沉寂的县域之间的商品、资金和信息的流通。借助总部平台，各个县域的土特产品可以在全国的供应链中进行流动，信息和资金可以在平台系统中得到快速、高效的共享和结算，各个县域生态在平台系统中得到联结，并形成了一个全国性的流通市场大生态系统。

“县域中心 + 产销联结”模式不仅在县域层面融合本地商业资源，同时还把电子商务平台分割为若干个县域小平台，并把这些小平台融入本地商贸流通体系，提高本地市场的流通效率，从而实现了县域互联网自生态，将“数据、人才和税收留在本地”的经营理念。

不过，这种模式建立在全国平台与县域合作伙伴的利益机制和业务协同上，会面临一些难度，需要边实践边改进。

**名词解释**

B2C：是英文“Business-to-Customer”（商家对顾客）的缩写，而其中文简称为“商对客”，是一种商家对顾客的电子商务模式。这种形式的电子商务一般以网络零售业为主，主要借助网络平台，为顾客提供一个新型的购物环境——网上商店，顾客通过网络购物、支付。由于这种模式节省了顾客和商家的时间和空间，大大提高了交易效率。

## 二、本土电商模式

近年来，全国各地涌现出了大量农村电商发展案例，也形成了相对固定的农村本土电商模式。

### （一）自上而下的农村电商

自上而下的农村电商，是由政府主导的一种模式。虽然在一些地区，如江苏省徐州市睢宁县的沙集镇，农民以自发组织的形式开展电子商务，自发式产生、发展和成长，经过摸爬滚打，最终形成颇具规模的产业链条，让人刮目相看。但是，大部分农村地区由于受多重因素制约，电商的发展还面临多重阻力。这些困难因素包括互联网知识的培训、交易诚信机制的建设等方面，如果没有政府参与难以起步。在这种情况下，只有政府积极发动农民、组织农民，农村电商才具备发展的基础。

由政府牵头而发展起来的电商，在一些地方已有成功案例。例如，湖南省娄底市市政府利用信息化手段发展现代农业，并利用政府的资源为农村电子商务发展服务。为此，设立大型政府助农、惠农项目——“网上供销社”，以信息技术为手段，采取“实体＋网络”运作模式，为破解农村信息化建设“最后一公里”问题、解决农民“买难、卖难”提供了新途径。最终依托我国供销社行业资源，建设成为全国最大的农村移动电子商务平台。“网上供销社”还与联想、中兴、长虹等 20 多家供应商签订供货合同，并与当地的相关企业合作成立 200 多个网点，农民可在网上销售农产品、购买日用消费品。

### （二）自下而上的农村电商

自下而上的农村电商，就是由市场牵引、社会或用户自己投入、农民自发地利用市场化的平台开展电子商务。自上而下的模式是靠政府为主导的外在力量推动农民做电子商务，是“要农民信息化”；而自下而上的电商模式则是靠农民自身的动力开展电子商务，是“农民要信息化”，二者存在被动和主动的区别。

在自下而上的模式里，农民本身在电商的实践和成长中起决定性作用。农民的网店从产生、发展到壮大，基本是依靠当地农民自发组织的力量，电商的萌芽和发展也是自发的。如果说自上而下的模式很容易脱离地区实际，特别是在农民没有自发意愿的情况下发展，无法充分调动农民的积极性，并且政府包办一切也容易导致村民参与感缺位，那自下而上的模式可以避免这些缺陷，市场的调节和成功的喜悦就是他们坚持下去的动力。这种模式的成功案例，除了沙集镇，还有江苏省宿迁市沭阳县颜集镇。那里的农民自发在淘宝网上开店销售花木，网络销售量占到总销售量的三分之一以上。河北省邢台市清河县的农村电商，也属于这种模式，如清河县东高庄村的农户自发从事羊绒纱线与制品的网络销售，其特点是先工业化后电商化，当地农村的工业发展到了一定程度后，再来利用网络销售发挥助推作用。

不过，即使是自下而上的电商模式，也不是要求政府完全缺位，在其发展中同样离不开政府的支持。政府对待这种模式的原则，应该是“不缺位、不越位”。不缺位，就是致力于营造良好的农村电商环境；不越位，即不要越俎代庖地替农民决策、代市场去干很多出力不讨好的事情。凡市场自己可以解决的，就应让市场去解决，政府不干预；但对于一些市场失灵、农民自己突破不了的瓶颈，特别是农民明确甚至强烈要求政府出手的，如土地征用、资金支持、人才培训、网络资费等问题，政府就应该主动解决，积极出面帮助协调或出台有针对性的政策措施，并不断改善对农村电商的公共服务。

例如，桐庐县是浙江省杭州市辖下的一个县，距离杭州市区只有 80 公里左右，是浙西地区经济实力第一强县，中国著名的制笔之乡。独特的区位优势为桐庐县发展电商行业提供很好的支撑，2014 年 10 月，阿里巴巴首个农村电商试点选择落户桐庐县，为桐庐县营造了良好的发展电商行业的氛围。

桐庐县具有良好的产业基础、电商发展态势，特别是物流方面，既有村级单位物流全通的先天优势，也有良好的社会环境以及政府部门的政策支持，为电商的发展提供良好环境基础。

### （三）双向 O2O 电商模式

双向 O2O 模式，就是搭建双向供需平台，把商品、服务、信息快速输送到农村，再把农产品、劳动力、农业信息输送到城市，重点在于促进农村基础设施建设，优化农村产业结构，形成一个闭合的“商流、物流、信息流、现金流”循环系统。简而言之，就是直接面向农村消费者和供应商，以批量集中采购为基础，减少中间环节，降低交易成本，实现城乡之间的沟通和连接。

乐村淘就是这种模式的代表。乐村淘通过招募省级加盟商、整合村镇零售网点的方式推进双向流动，通过电商平台和村级加盟实体店将城市的工业品输送到农村，让农民买到安全、放心、性价比高的商品；同时，农民借助乐村淘平台把当地的农副产品输出，并根据平台汇总信息反馈，指导农作物的种植，推进订单农业。为此，乐村淘专门成立了“农产品批发交易中心”，通过建立专门的农副产品流通服务体系，将农副产品高效输出。

由于乐村淘模式是通过加盟的方式吸收更多的区域商业伙伴共同经营本地农村电子商务市场，各地加盟商根据本地情况各自建立“县、镇、村”三级服务体系，为在线交易提供有效支撑，这种模式无疑更加“本土化”，更受农民欢迎。

### （四）双向流通电商模式

双向流通电商模式，就是以电商平台、城乡物流配送体系、连锁商业网点为依托，通过线上线下融合发展，构建“工业品能下行、农产品能上行”的市场流通体系。

这种模式一般包括 3 个部分：一是从事工业品下行业务，主要开展农村代购、农村创业和本地生活服务等业务；二是从事农产品上行业务，主要开展农产品供应链、营销体系的搭建；三是从事孵化和宣传，主要对农村电商的参与主体进行培训。重点是围绕当地农特产品，建立相对领先的农产品电商供应链支撑体系。

### （五）产业分散化销售模式

产业分散化销售模式，就是把农村分散的农特产品通过网络平台收购过来，再卖到商户或用户手里，特点是需要经过中间环节。例如，新疆农民通过互联网销售葡萄干，卖到中间商手里。淘宝网上有个店铺，经营葡萄干、大枣等产品，农民先将丰收后的葡萄干卖给农产品批发市场，然后这个店铺的电商从农产品批发市场购入，再利用淘宝网这一平台向全国乃至全世界进行销售。这其中葡萄干从农民到客户，共经历了3个环节。

这种模式简单易用，对农民的互联网知识水平，对农村信息化、物流等基础设施要求很低，农民只要种好农产品就行，也不需要加工，直接拿到批发市场卖掉即可。互联网在其中对农民来说，没有太多直观的意义，虽然其在整个产业链条中必不可少。

但这样的模式还不具备规模，一来销售的产品不是加工产品，而是直接的自然物品，产业链条很短；二来销售的主动权不掌握在农民手中，因为农民需要依靠淘宝网上的店铺，先将产品卖给他们，由他们转卖给用户。结果，不仅导致产品价格增高，还使农民无法掌握生产的主动权，处于弱势地位。

### （六）产业集群化销售模式

产业集群化销售模式与产业分散化销售模式不同的是，农产品呈集群化生产，形成了一定的产业规模。许多农村地区，通过发展特色产业，已经积累了一定的产业规模，在此基础上发展农村电子商务，就有了坚实的基础。起点高，农村电子商务的规模也大，这是产业集群化电子商务的一大特点。

例如，福建省泉州市德化县，有着悠久的陶瓷生产历史，是“海上丝绸之路”的重要出口物源地，现有陶瓷企业数千家。在此基础上，德化县成立了电子商务工作领导小组和电子商务协会、物流协会，为德化陶瓷搭建电商平台创造了各种优势，跨境电商成为德化陶瓷经济发展的“新蓝海”。德化县培育跨境电商企业百余家，并率先在美国、俄罗斯设立陶瓷跨境电商海外仓。河北省邢台市清河县号称“中国羊绒之都”，是全国最大的羊绒制品生产和销售基地，在当地已经形成了包括养殖、加工、销售的产业链条，羊绒制品的生产规模很大，在此基础上，清河县的东高庄村利用当地的产业优势，发展起农村电子商务。

这种集群化的电商平台，拥有非常完整的配套体系（物流体系、监管机制、交易平台等），整个产业链运作已经非常成熟。电子商务取代传统的销售模式，互联网向传统产业深度渗透，便是水到渠成。

### （七）依托大平台销售模式

依托大平台销售模式就是依托电商巨头的大平台，开展自己的业务。

自建平台当然更方便，但因为技术难度大，并不是想建就能建成的。在农村，自建平台更是奢望，只能选择现成平台进行自己的农产品销售。农民一般选择淘宝或者微店为主要平台，这两个平台受众较广，而且有绝对的知名度和服务保障，对于初创企业而言，比自建平台更便利和快捷。一般来说，采用这种模式的，多以销售当地特色农产品为主。

例如，湖北省随州市随县某公司，是一家致力于销售本地农产品的电子商务企业，成立之初就瞄准本地丰富的农产品资源优势，制定品牌化发展道路，并注册了商标。公司的经营模式是通过农村电商服务站及当地农村合作社，采集当地的特色水果信息，对产品进行定位，提炼产品卖点，策划网上营销，通过入驻京东特产馆、苏宁易购特色馆、淘宝特色馆等国内各大电商平台，组织专业团队从事策划运营，通过预售、实体店体验和与各大区门店合作等形式，进行多渠道推销。农民负责种植，平台负责销售，产品通过电商平台直接对接消费者，让消费者可以买到最具特色的产品。

这种模式最大的优势，就是大平台的诚信度有保证，交易机制成熟，而且这些大平台有非常完善的物流体系。所以，在缺乏互联网知识的农村，依托大平台要比自建平台更加方便有效。

### （八）自建平台销售模式

自建平台销售模式，就是把传统电商 B2B、B2C 模式照搬过来，做平台销售各类农特产品。

有一些农村特色产业的集聚地非常出名，经济条件比较好，农民的知识水平也相对较高，很多农民不再依靠淘宝网这样的平台，而是通过自建平台开展电子商务，“自作主张”地从事电商业务，而不受其他平台的限制。例如，福建省莆田市仙游县素有“中国古典工艺家具之都”之称，古典家具产业基础雄厚，生产企业达千余家。不少家具都是通过互联网来销售的，已经形成了不少规模较大的企业，这些企业希望通过自建网站来开展电子商务业务。通过在网上建立自有网站，实时更新、发布最新款式，不但扩大了企业产品的宣传面、降低了企业的宣传成本支出，而且能够解决外地客户现场看样的问题。在当地，已有众多厂商纷纷建立了自己独立的网络销售平台，为客户提供更安全的交易平台和更完善的客户服务。

还有一种服务当地的自建网络平台，是以农产品和生活用品的配送为服务内容。例如，重庆“武陵生活馆”，就是建立在电子商务和乡村配送体系基础上，具有连锁性质的新商业主体，以县域、乡镇建立旗舰店为主要标志和货品集配中心，以乡村开立特许经营连锁便利店为销售终端，以网络购物为全景展示和无边界经营为特色，构筑了一条全新的乡村消费供应体系。它具有仓买超市、乡村配送、网上批发等功能，实现线下展示交易和线上网络订购相结合。

不过，对于农产品的销售而言，这种模式发展的难点在农产品上游的采购和物流。目前常见的解决办法是依托当地农产品收购商，但通过农产品收购商得来的农产品质量难以保证，毕竟这些农产品多为散户种植培育。另外就是自建农业基地，专门种植农产品，然而投资成本相对较高。

由于和传统电商的差异不明显，同类农村电商之间的竞争会比较激烈，甚至出现企业兼并或者破产的情况。

# 任务四　农村电商基本运营流程

农村电商的发展解决了许多地区农产品滞销的问题，为种植户提供了新的致富之路。在电子商务平台出售商品，需要了解农村电商基本运营流程，简单地说，农村电商网店经营是借助电子商务贸易平台，利用信息技术及电子手段将农产品销往全国各地，一般包含如图 1-1 所示的基本运营流程。

**图 1-1　农村电商基本运营流程**

## 一、货源选择

货源选择是开设网上店铺的首要关键，货源大致可以分为本地生产的产品、周边地区的特产及电子商务贸易平台上的产品 3 类。对于种植户来说，自己所种植的农产品便是货源。有些中间商没有生产自己的产品，店铺出售的商品来源于收购周边地区农户生产的产品。而有些商家由于周围没有长期供货的农产品，会通过网上批发平台寻找货源，此类商家一般不会做批发，更多的是选择可以一件代发的供应商，自己仅需完成网上交易和客户服务等工作，既不囤货也不发货。

农产品具有易腐易损、产量不稳定等特点，选择货源除了考虑价格、库存、利润等多个方面，还需要考虑保质期、包装和运输等因素。例如，蔬菜和水果对包装与运输要求较高，如果运输时间过长或破损严重，那么不但不赚钱反而会亏本，也会影响店铺的信誉和评分。

## 二、网店开设

### （一）农产品网店开设

国家大力推进农村电商的发展以来，越来越多的农户或有想法的年轻人选择回家乡创业，而农产品是农村的主要物产，因此，许多人选择在网上开设店铺并将当地农产品销往全国各地。网店开设有以下几个步骤。

**1. 选择适合的电商平台**

根据产品的销售方式，电子商务贸易平台基本上可以分成两种，一种是以批发为主的公共性贸易平台，另一种是以零售为主的贸易平台。如果定位是批发农产品，建议选择中国惠农网等平台开设店铺；若定位是零售农产品，则建议选择京东、淘宝、微店等平台。

**2. 注册账户**

进入平台后，要注意仔细阅读服务条款，根据提示和要求注册账户。

**3. 商家身份认证**

入驻成为某些电商平台的个人店铺，需要银行卡、身份证号码等信息进行实名认证；如果定位是企业店铺或商家，还需要营业执照等信息。以中国惠农网为例，该网站的实名认证分个人实名认证和企业实名认证。

（1）个人实名认证：需要上传真实有效的中华人民共和国二代身份证正反面照片，并上传一张本人手持身份证的照片。要求身份证证件完整清晰，人物形象完整清晰且和身份证证件照同属一人。可以同时通过实名认证和企业认证，这样能提升发布产品的排名和信誉。

（2）企业实名认证：需提供真实有效的营业执照和组织机构代码证，或“五证合一”（营业执照、组织机构代码证、税务登记证、社会保险登记证、统计登记证合为一个证件）的营业执照、一照一码的营业执照照片或扫描件。

### （二）网上店铺装修

网上商家对店铺装修要求并不高。如中国惠农网是以供销为主的网站，若商家入驻成功，只需要发布商品基本信息即可，不需要制作精美的店铺首页、商品详情页等。与网上零售不同，各经销商大部分以获得商家联系方式为主，经销商们合作之前一般不会直接在网上下订单，可能需要进行实地考察，确认产品质量达到要求后才达成深度合作，但后续的合作可能会在网上完成。

而对于以零售为主的网上店铺而言，装修是必不可少的。零售商家的顾客群体是个体，买家单次购买量较低，退换货的成本也不高，买家一般仅通过产品图片和在线咨询达成交易。因此，商家要想办法让买家了解店铺的经营状况、产品的详细信息。

## 三、产品发布

### （一）产品发布流程

在产品发布之前，需要将拍摄好的产品图片进行排版设计，并充分了解产品的功能、特点、属性。然后按照网站或平台的发布流程完成产品信息的填写。

一般来说，如果是自产自销的商家或从周边地区供货的中间商，产品发布的基本流程分为以下 4 步：

**1. 设置运费模板**

根据商品的重量或体积，了解发往全国各地的运费标准，设置合理的运费模板。

**2. 找到发布产品的入口**

如淘宝发布商品的路径是“卖家中心”“发布宝贝”。微店发布商品的路径是首页的“商品”“添加商品”。

**3. 填写产品属性信息**

进入产品详细信息编辑页面，根据产品关键词、热搜词撰写产品标题，填写产品属性信息，如类目、重量、材质、含量、成分；添加商品主图、产品描述图等；并设置上架时间、保修时间等信息。

**4. 单击“发布”按钮**

填写并检查完所有信息后，单击“发布”按钮。

### （二）产品发布注意事项

产品发布需要注意以下 5 个方面：

第一，设置合理价格。根据市场价格和产品质量，设置合理的价格。

第二，产品基本属性要填写正确。产品的属性一般包含重量、材质、成分、功能、尺寸、储存方法等，正确填写属性，可减少交易纠纷。

第三，标题或描述中不能出现违禁词。不同的购物平台违禁词略有差异，了解平台规则和所售商品的类目规定，避免店铺扣分或降权。

第四，避免类目放错。在淘宝平台发布商品时需要选择类目，因此，产品的类目一定不能放错，否则系统将会检测出类目放错而下架商品。

第五，运费设置要合理。设置运费时要了解发货地发往全国各地的运费标准，设置的运费模板不能高于运费标准；对于一些偏远地区的客户，可以适当降低运费，遵循薄利多销的原则，争取更多客户。

## 四、网店推广

推广带来流量，有了流量才有成交量。事实上，推广不仅可以直接带来流量，更重要的是还能吸引更多人关注产品和店铺，挖掘更多潜在顾客。由于维持一个老顾客的成本比挖掘一个新顾客的成本要低很多，因此，推广也要不断刺激老顾客购买，保持和老顾客的联系，周期性地发一些促销活动信息。老顾客比新顾客更容易被打动，忠诚度更高。此外，网店推广，从产品选择、店铺装修到各种宣传的方式，无一不是在向人们展示店铺美好的一面。店铺的形象在种种宣传手法中得以体现，宣传的过程也就是树立自己品牌形象的过程。可以说，卖家推广的不仅是产品，还是这个店铺的整体形象，如果能成为一个明星级的店铺，它就是一个品牌。

总而言之，网店推广不仅能提升流量和成交量，还能树立店铺良好形象，提升店铺排名，更有助于挖掘更多潜在客户、培养忠诚客户。

## 五、网店运营

当店铺已装修、产品已发布、流量也不断上升时，有助于产生交易，一旦产生订单交易，那么分析店铺数据、发货、售后、客户管理等问题也会接踵而至。经营与管理好店铺的日常工作是各商家的工作重点，以下为常见的日常工作。

### （一）分析店铺数据

一个经营良好的店铺必然有一个数据分析师，对平台、行业及自身店铺的历史数据进行分析，诊断店铺，有利于及时发现店铺存在的问题。数据分析师一般要分析店铺的访客量、转化量、销量、退款量、客户评分等。例如，分析店铺的访客数据需要观察每一个客户的浏览记录、停留时间、跳失率等指标。

### （二）管理店铺日常交易

走上正轨的店铺几乎每日会面临新订单、退换货订单及发货等工作。当店铺产生新订单，我们需要及时查看订单信息，了解买家的要求，然后将订单信息传达给仓库发货人员打包发货。如果客户需要退换货，那么需要确保符合退换货条件，按照店铺的退换货流程接待客户。

### （三）客户服务

网店客户服务一般包括售前、售中、售后 3 个阶段的服务。

售前服务是在顾客未接触产品之前所开展的一系列刺激客户购买欲望的服务工作。比如，在淘宝旺旺群中发布新品的活动信息，吸引客户购买。

售中服务是指在产品销售过程中为客户提供的服务，包括对产品信息、功能、特色、店铺保障以及店铺活动信息的介绍。

售后服务，就是在商品出售以后所提供的各种服务。售后服务的重要性不可小视，如果客户购买了店铺的商品，那么客服人员需要跟客户及时确认订单信息，告知注意事项，了解客户满意度，询问使用产品的效果，客户如有疑问，应耐心回答，消除顾客的疑虑。遇到客户投诉，要缓和客户的激动情绪，为客户妥善处理好出现的问题。

### （四）物流配送

目前物流配送的选择很多，京东、苏宁易购拥有自己的配送网络。由于自建配送网络成本较高，因此第三方配送是大部分网店商家的选择，主要有顺丰、申通、中通、圆通、韵达、EMS、邮政小包、快捷、安能、天天快递等物流公司。

这些物流公司主要承担小件商品的运输与配送，其中顺丰速运价格较高，但服务很好；而EMS配送网点最多，遍布城乡，但运输时间稍长。如果店铺销售的是大宗商品，那么德邦物流、中国远洋物流是不错的选择。此外，还有其他的货运公司，价格比德邦等物流公司低，但服务水平也相应低一些。一些对时间要求较高的商品，建议选用运输效率高的物流公司，避免因小失大。

## 思考与练习

1. 简述农村电商发展的趋势。

2. 简述农村电商的基本模式。

3. 试想一下，你现在即将毕业，想要找一份与新媒体运营相关的工作。请先在网上寻找相应的职位，分析岗位需求，并制作相应的个人简历。

4. 试想一下，如果你作为农村电商经营者，你会如何打开销售局面？

## 学习总结

1. 你在本项目中学到什么？

2. 你在团队共同学习的过程中，曾扮演过什么角色，对组长分配的任务完成得怎么样？

3. 对自己的学习结果满意吗？如果不满意，还需要从哪几个方面努力？对接下来学习有何打算？

4. 学习过程中经验的记录与交流（组内）有哪些？

5. 你觉得这个课程哪里最有趣，哪里最无聊？

# 项目二　农村电商新业态

**【知识目标】**

1. 了解“互联网 +”农产品营销模式。
2. 掌握“互联网 +”农资流通的知识。
3. 掌握“互联网 +”农村金融的知识。
4. 了解“互联网 +”乡村旅游模式。

# 任务一 “互联网+”农产品营销

## 一、农产品的分类

农产品是指种植业、养殖业、林业、牧业、水产业生产的各种植物、动物的初级产品及初级加工品，具体包括种植、饲养、采集、编织、加工以及捕捞、狩猎等产品。这部分产品种类繁多，主要有粮食、油料、木材、肉、蛋、奶等。

我国农产品分为普通、无公害、绿色、有机4个等级，市场上供应数量最多的是普通农产品。如果把农产品安全等级比作一座金字塔，普通农产品是塔基，往上依次是无公害农产品、绿色农产品，而有机农产品则是塔尖，如图2-1所示。

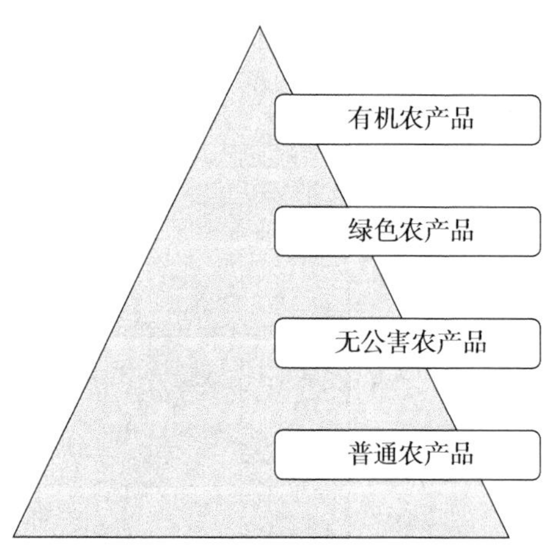


图2-1 农产品安全等级“金字塔”

### （一）普通农产品

普通农产品应该具有良好的实用品质和商品价值，在储藏、运输、销售过程中有耐储性。作为原料的农产品，还有含水量、含杂量、加工适应性、有效成分含量等指标。

### （二）无公害农产品

无公害农产品指的是产地环境符合无公害农产品的生态环境质量要求，生产过程必须符合规定的农产品质量标准和规范，有毒有害物质残留量控制在安全质量允许范围内，安全质量指标符合《无公害农产品管理办法》的农、牧、渔产品。

### （三）绿色农产品

绿色农产品指的是按特定生产方式生产，并经国家有关机构认定，准许使用绿色食品标志的无污染、无公害、安全、优质、营养型的农产品。我国规定，绿色农产品原料产地环境符合《绿色食品产地环境质量》标准；农药和化肥、兽药和饲料等投入品使用符合《绿色食品—农药使用准则》。

### （四）有机农产品

有机农产品是指来自有机农业生产体系，根据国际有机农业生产要求和相应的标准生产加工的、并通过认证机构认证的一切农副产品，包括粮食、蔬菜、水果、禽畜产品、水产品、调料等。有机农产品在生产和加工过程中必须建立严格的质量管理体系、生产过程控制体系和追踪体系，因此一般需要有转换期，这个转换期一般为 2 至 3 年，才能够被批准为有机农产品。

无公害农产品、绿色农产品、有机农产品都注重生产过程的管理。无公害农产品和绿色农产品侧重对影响农产品质量因素的控制，有机农产品侧重对影响环境质量因素的控制。

常见的中国农产品认证标识如下（图 2–2、图 2–3）。

图 2-2 中国有机产品标识　　图 2-3 绿色食品标识

**阅读链接**

**湖南加快绿色食品的认证步伐——“湘字号”农产品更优更绿**

湖南是产粮大省，水稻生产量在全国占有领先地位，在“十二五”“十三五”期间，水稻、油菜种植面积均稳居全国第一，粮食安全省长责任制考核连续 4 年获得“优秀”。

在疫情防控期间，绿色发展理念更加深入人心，推进绿色生产，引领绿色消费，绿色食品开发商机凸显。截至 2021 年上半年，全省绿色食品产业加快壮大，有效个数、实物总量、企业利润均保持两位数增长。全省绿色食品总数达 3050 个，居中部地区第 2 位。绿色食品唱“主角”，使湖南农产品越来越具特色，成为真正的“金字招牌”。

（来源于网络，有修改）

## 二、农产品营销的特点

### （一）产品差异大

由于农产品的认证市场较为混乱，增加了电商企业的辨识难度。且因为农产品的特殊性，不能通过标准化的流程收获标准化的农产品，使挑剔的消费者容易对农产品的品质差异产生不满。

### （二）同质化严重

农产品作为各大农村电商的主营产品，大部分是谷类、豆类、薯类、蔬菜类、水果类，农产品的同质化严重，特别容易被模仿和复制，导致农产品的利润不高。

### （三）运输成本高

农产品在运输和配送过程中需要严格控制温度和湿度，否则会大量变质。大部分生鲜农产品的运输全过程需要冷链保鲜，导致物流成本大幅上升。

## 三、农产品电商需要解决的问题

### （一）着力提高质量

农产品做电商，尤其是对生鲜电商来说，保证农产品的质量至关重要，农产品质量关系到消费者对商家的信任，也关系到一个品牌可以走多远。由于农产品与工业产品不同，没有统一的标准，这就要求厂家在为客户提供农产品时更要注重质量保障。

第一，从供应链的源头来说，无论是自有基地还是与农户的合作，对农产品的种植、管理、检验要严格按照规定执行，制定严格的质量标准，对每个批次的农产品严格把关，避免农产品造假、农药超标等一系列问题发生。

第二，通过扫描农产品二维码（图 2–4），可以让消费者全面了解农产品的出产、生长、物流等信息，甚至能统计到何时灌溉、除虫、采摘，何人负责等信息，能够有效杜绝生产者造假的现象，让各种的不透明信息暴露在消费者的眼前。

图 2–4　农产品二维码

第三，在农产品整个生长、采摘过程中，商家要派专业人员或邀请消费者随时进行监督、抽查。

第四，在物流和仓储方面也要进行严格把控，精确把握农产品成熟度，准确估计到货时间，并正确估计农产品到货时刻的状态。

### （二）精准农产品定位

农产品品牌定位的目的是创造鲜明的农产品企业个性，树立独特的农产品企业形象，并挖掘农产品企业的具体产品理念，突出其核心价值，在本质上展现其相对于同类农产品的优势，以求在众多同行的竞争中脱颖而出，赢得更多消费者的认同。如：盛产大桃的北京市平谷区，挖掘桃子本身吉祥长寿的含义，通过并不复杂的技术让桃子长成寿星的模样，一个桃子卖到 100 元的高价。

### （三）注重品牌塑造

品牌已经成为衡量一个企业甚至一个国家的综合实力的标志，可通过文化塑造提升品牌价值。然而传统农产品的生产者和经销商缺乏品牌意识，既没有统一的品牌包装，也没有统一的规格标准，导致农产品无法通过品牌推广实现品牌溢价销售。很多优质的农产品，由于缺乏品牌包装和推广平台，很难获得广泛的市场认可。

农产品从田间地头来到厨房餐桌，要想销量有所突破，需要借助文化的力量，使品牌增值。挖掘、打造、提炼和传播与食品相关的文化成为创建品牌的必需。比如，生产者可把生产过程中的一些故事、细节拿出来通过微信朋友圈、视频等多种形式传播。下面通过“褚橙”“柳桃”“潘苹果”的案例进行分析。

百度百科上关于褚橙来源给出了这样一段解释：冰糖橙，甜橙的一种，云南著名特产，以味甜皮薄著称，甜中微微泛酸，由昔日“烟王”红塔集团原董事长褚时健种植而得名。褚橙独家授权网络销售平台“本来生活”发售产品，很多人因仰慕褚时健跌宕起伏的传奇经历而去购买。褚橙的价格是普通橙子的 2 至 3 倍，仍然供不应求。

柳桃是联想控股原董事长柳传志第一次用自己名字命名的水果品牌。在“企业家”的盛名下，柳传志勇敢地把自己的名字与水果联系起来，在短时间内成了热门话题。他对水果品质的要求近乎苛刻，注重水果种植全过程跟踪管理、全产业链控制，绝不把有毒水果流向市场终端，因而柳桃也有“良心桃”之称。

柳桃产于国家级猕猴桃标准示范园，是我国猕猴桃产业中种植规模最大、生产技术最先进、产品质量最优的示范建设项目。园区内猕猴桃树间距大，每粒果实都有阳光直射，保证了外观和甜度。选果生产线引进于法国，是国际高标准设备，保证了果实大小均匀，果形美观。

潘苹果是由天水花牛苹果（集团）提供、中国地产大亨潘石屹代言的苹果品牌，2014 年成立于北京，致力于为中国家庭提供优质食品。花牛苹果产于甘肃省天水市，以个头大、味道甜、水分足、不打蜡、没有农药残留、吃着放心闻名。由于天水地处偏远的西北，没有打开苹果的销路。2013 年，天水苹果总产量 138.8 万吨，产值却仅有 48.3 亿元。出于故乡情怀，潘石屹代言花牛苹果，全面打造中国家庭优质食品，引领健康生活。

启示：从“褚橙”“柳桃”“潘苹果”的成功营销可看出，好的农产品具有投资大、见效慢、风险高的特点，需要沉下心来琢磨、研究农产品的生产技术。同时，需要做好品牌营销，将“褚橙”定位为“励志橙”是营销成功的法宝，与“本来生活”平台合作，也是成功的重要因素。

### （四）提升物流配送服务

对于农产品电商来说，选择不同，利润就有很大差别。比如，选择干货，配送和仓储就比较容易，成本也相应要低很多。选择生鲜，对于配送和仓储的要求就很高，对农产品的周转率、资金都是一个很大考验。

**1. 确保运输质量高**

生鲜农产品由于受环境因素影响较大，生鲜电商要想把最“鲜”状态的农产品送到客户手中，冷链配送必不可少。相较于普通配送，冷链配送不但成本要高出1/3 至 1/2，而且对软、硬件条件要求极为严格，是最考验商家内力的一项指标。生鲜农产品电商要有所作为，必须突破冷链配送的瓶颈，同时加强冷链配送人员的专业性，如配货人员要在最短的时间内完成拣货和包装。对于配送的高成本，商家可以通过开发高端商品或高附加值农产品，提高农产品单价来增加利润。

**2. 确保运输速度快**

消费者网上购物不但追求商品性价比高，而且希望物流速度快，对生鲜而言，要做到急速送达，避免商品变质。京东商城推出的“211 限时达”服务深受消费者青睐。

“211 限时达”即从 2010 年 4 月 1 日起，北京、上海、广州、成都 4 城市由京东自营配送的区域均可实现上午 11：00 前提交现货订单（以订单进入出库状态时间点开始计算），当日送达；夜里 11：00 前提交的现货订单（以订单进入出库状态时间点开始计算）在第二天送达（15：00 前）。如遇交通管制、大雨雪洪涝、冰灾、地震、节假日、“6·18”周年庆、停电等因素以及大件（如大家电）商品等，均不在“211 限时达”服务范围内。

### （五）降低农产品损耗

损耗是做农产品电商过程中面临的一个很现实的问题，尤其对于生鲜电商来说，损耗一直居高不下。专业人士指出，我国现在的果蔬在物流过程中损耗将近三成，100 吨的蔬菜轻易可以产生近 30 吨的垃圾，可谓触目惊心。高损耗无形中也增加了农产品的成本，这也是让很多商家头疼的一个问题。可从以下几个方面入手降低农产品损耗。

### 1. 完善农产品流通体系

可完善农产品流通体系，鼓励农业龙头企业积极参与农产品仓储和运输的投资和运营；可以通过广播电视网、互联网等多种渠道，发布城乡尤其是城市对农产品的准确需求信息，为农产品流通提供参考；还可以采取众筹的方式进行预定，降低农民的风险。

### 2. 科技创新降低农产品流通成本

针对农产品保质期短、易腐烂的特点，加大农产品流通技术研发力度，构建包括保鲜和储运技术、物流配送技术、电子化交易技术和信息技术等在内的农产品物流技术支撑体系，从而扩大农产品的销售范围，保证农产品品质稳定，降低农产品流通成本。对农民而言，要选择合适的包装材料，确保运输过程中最大限度降低农产品的损耗。

### 3. 生鲜快递包装注意事项

（1）外包装以及胶带密封

外包装的胶带要贴牢固，以免受潮，上下左右边角部分用胶带密封，防止盗件情况，发包箱规格要求为 5 层瓦楞箱。标识“生鲜食品”，因为快递方担心有水分的农产品万一破损会污染其他快递件，同时也会提醒快递员优先配送。打包的胶带粘贴规范、美观，严格执行打包样式要求，按照统一标准打包。

（2）填充物

内部可以使用废报纸填充。废报纸在这里还可以起到万一带水的内包装破裂，吸收水分的作用，防止水污染到其他快递件，但是从美观度出发，使用碎纸条作为填充最合适。

（3）泡沫箱

泡沫箱尽量使用配送袋重新包裹严实加胶带封边打包，如果使用胶带密封泡沫箱的话，建议使用透明保鲜袋加胶带十字打包的模式，成本低，也美观。一般泡沫箱与外箱之间需要留有缓冲空间，建议泡沫箱与外箱之间存在 0.1 厘米至 0.3 厘米的空隙，以方便客户取出泡沫箱。

（4）冰袋

泡沫箱内使用保温袋效果最好，如果内部是加冰袋的形式，到货取出冰袋虽已融化但还是啫喱状，实际效果会很好。如果使用冰冻矿泉水瓶做保鲜措施，要想保证货送到时冰不化，就必须做好外部泡沫箱密封。

**阅读链接**

**一只被“众筹”的贵州山区小香鸡**

小香鸡常年放养在大山深处，靠吃山上植物和野生虫为生，是贵州地方优良品种资源。小香鸡富含氨基酸，以及硒、铁、铜、锰等微量元素，可是，这样一个优良的土特产，基本处于“养在深山人未知”的状态，而且随着养殖户的增加，小香鸡面临的一个突出困难就是量上来了，渠道没变，即便价格跌了一半都卖不出去。

在得知土鸡滞销详情后，苏宁易购迅速做出反应，成立苏宁易购扶贫专项小组并连夜赶赴当地，与县电商办、县农业农村局商讨对策。

很快，苏宁易购与当地养殖户、合作社在了解小香鸡的养殖环境、生长特点、农户成本之后，核定了电商流通渠道标准，以及所需的质检、仓储配送、物流体验、供应链建立、运营推广等环节资源。最终，一套针对小香鸡制定的电商营销方案快速出炉。苏宁易购通过苏宁众筹、预售和苏宁大聚惠，利用苏宁易购线上线下O2O优势，在苏宁易购中华特色馆成功对小香鸡进行销售。

（来源于网络，有修改）

# 任务二 “互联网 +”农资流通

## 一、农资

农用物资简称“农资”，一般是指在农业生产过程中用以改变和影响劳动对象的物质资料和物质条件，如农业运输机械、生产及加工机械、农药、种子、化肥、农膜等。

## 二、传统农资销售的痛点

### （一）农资销售网点乱

春耕时节，种子、农膜、化肥、农药等农资需求量大，同一功能、同一品牌、同一厂家的同名同包装同计量的农资商品，常常因销售形式不同而卖出不同的价格，有的甚至相差几十元。

### （二）农资功效被夸大

为了达到销售的目的，一些厂家通过“刷墙”的方式夸大宣传农资的效果，很多农资产品没有厂家、没有规格、没有使用说明，严重坑害农民，农民购买之后，出了质量问题，无从投诉理赔。甚至有的农资产品让辛苦了一年的农民颗粒无收。

### （三）农民盲目购买农资

农民因专业知识缺乏，往往凭借仅有的种植经验来耕种，通过道听途说的方式购买农资，而不是根据实际需要购买相应的农资，造成部分农资产品效果不理想。

（四）农村赊账资金回笼难

之前，农民通过赊账购买农资。农民的赊账习惯使利润不太高的农资企业面临资金回笼难的问题，会使小农资企业的流动资金链断裂甚至使企业倒闭。

**阅读链接**

**农民遭遇假种子，粮食颗粒无收**

2017 年秋分节气刚过，正是水稻秋收的时候。然而，湖南省常德市鼎城区十美堂镇的 40 多户农民却为 300 多亩水稻发愁。因为水稻出现枯死、结穗少甚至不结穗等问题，他们颗粒无收，损失 30 多万元。“估计是种子出了问题。”一些村民议论着，并找到当地卖种子的经销商丁某讨要说法。丁某也是头一回遇到这样的情况，“这批水稻种子一共有 900 多公斤，都是从外地进过来的。”于是，他连忙和几位农民代表向农业农村局反映该批水稻种子可能是假冒伪劣的种子。2018 年 1 月 23 日，农业部门鉴定证实：2017 年丁某购买的 900 公斤水稻种为“假冒伪劣种子”。

土地成本加上人工、机械成本等，共造成了 50 多万元的损失，关键是农民的信心受到了打击。

（来源于网络，有修改）

## 三、农资电商

农资电商作为农村电商的重要组成部分，其发展对改变传统农资销售模式、推动农业现代化发展具有重要意义。农资电商的目标客户可以是有一些网购知识的青年农民或者城乡结合部的农民。农资电商的好处如下。

（一）减少农民采购成本

因网络销售不需要租用店铺，且涉及的中间环节比传统渠道少，农资到达农民手中的价格相对较低。

（二）方便农民货比三家

网络店铺实行 24 小时经营。农民在挑选农资时，只需要单击鼠标就可以反复在各个店家、各个品牌之间进行比较，比实地挑选农资节省更多的时间、精力。

### （三）农民可随时咨询厂家

在农民遇到农资产品使用等方面的问题时，可以登录网站询问客服或者拨打电话进行咨询，在指导下使用农资产品可以将效果发挥到最好。

### （四）减少商家资金回笼风险

选择第三方平台进行交易，农民需要先缴纳货款。农民没有收到货物之前，货款暂时放在第三方平台这里。当农民收到农资产品，单击“确认收货”之后，货款才会到达商家的账户。这样，一方面可以保证农民买到放心的农资，另一方面也可以保证农资商家及时收到货款，降低资金回笼风险，便于扩大再生产。

目前，云农场、中国农资网、阿里巴巴、淘宝网都是不错的农资采购平台，为广大农民朋友购买性价比高、可靠性强的农资提供了保障。

**阅读链接**

**云农场**

2014 年上线的云农场是全国第一家网上农资交易及高科技服务平台，提供化肥、种子、农药、农机交易及测土配肥、农技服务、农场金融、乡间物流、农产品定制等多种增值服务。至 2015 年 4 月初，云农场已建立 300 多家县级服务中心，2 万多家村级服务站，注册用户过百万，覆盖山东、黑龙江、新疆、内蒙古、湖北等十余个省、自治区，服务土地面积约 3000 万亩。云农场以村站和测土配肥站为基础深入农村、服务农民、发展农业；建立以村站模式为基础的标准化电商服务体系；测土配肥满足农户定制化需求的农资供给模式，进一步降低农民农资采购成本，改善农村的土壤环境。在此基础上，围绕农业现代化发展，云农场还建立了乡间货的、丰收汇、农技通等多种增值服务，从而形成农业产前、产中、产后全方位的现代农业服务生态圈。

其主要创新点是采用村站模式，解决农民无上网习惯及不习惯网购的问题；以“便宜”“保真”解决农民购买农资的痛点；以预付模式解决传统农资流通的赊账问题；通过“农技通”App、测土配肥等多个项目，为农民提供最及时的农技服务；与华夏银行合作，直接为 100 多家农场提供金融服务，农户可以实现在线贷款、还款等。

（来源于网络，有修改）

# 任务三 “互联网 +”农村金融

## 一、互联网金融

互联网金融是传统金融机构与互联网企业利用互联网技术和信息通信技术实现资金融通、支付、投资和信息中介服务的新型金融业务模式。互联网与金融深度融合是大势所趋，将对金融产品、业务、组织和服务等方面产生更加深刻的影响。

《中国“三农”互联网金融发展报告（2017）》显示，“三农”领域金融缺口约为 3 万亿元，这说明互联网金融在“三农”领域具有巨大的市场发展空间。长期以来，金融血液始终难以输送到广袤的农村。随着农业供给侧结构性改革的不断推进，到农村去抢占市场成为不少互联网公司和传统金融机构的新动向。

## 二、互联网金融的主要形式

### （一）传统金融机构

各大传统金融机构感受到互联网平台对农村金融的冲击，纷纷开始积极布局农村市场，增设 ATM 自动取款机，运用第三方支付为村民解决日常金融消费问题，增设金融服务网点，推出网上金融等模式，满足村民日常需求。

## （二）非金融机构

### 1. 支付宝

支付宝（中国）网络技术有限公司（以下简称支付宝）是国内领先的第三方支付平台，致力于提供“简单、安全、快速”的支付解决方案。支付宝从 2004 年成立开始，始终以“信任”作为产品和服务的核心，自 2014 年第二季度开始成为全球最大的移动支付公司。支付宝分为电脑版和手机版两种。使用支付宝可以便捷地进行网上支付、实体店支付。

### 2. 微信

微信支付是集成在微信客户端的一项支付功能，用户可以通过手机快速完成支付流程。微信支付以绑定银行卡的快捷支付为基础，向用户提供安全、快捷、高效的支付服务。目前，用微信支付可以方便地完成购物、充话费、打车、还信用卡等支付业务。

### 3. 众筹

农业众筹起源于美国，是一种轻资产的运营理念。最简单的农业众筹模式就是消费者或投资人先筹集资金，让农民或农场根据需求进行种植，农产品成熟后直接送到消费者手里，在一定程度上可以理解为一种农产品的预售。农业众筹在产品形成之前就有了完整的创意，包含更多内容和可选产品，为消费者提供个性化定制服务，是新农业生产革新的有力手段。农业众筹既帮助农民解决了资金问题，为之提供销售渠道，同时也让那些想吃到健康又安全食品的人得偿所愿。

苏宁易购、网易等也都在积极推进“互联网 + 众筹 + 金融”的模式，严把农产品生产链的每一环节，确保农产品质量，设置农产品生产营销、流通的全过程监测体系，力求让消费者买到安全可靠的农产品，同时解决信息不对称、产销不对称的问题。

**阅读链接**

**舌尖上的网易味央黑猪肉**

作为品质产品的代表，网易味央黑猪肉备受大众的关注。为了这一块安心、美味的猪肉，网易味央经过 7 年不断地探索、调研、实验，终在 2016 年年底正式推出上市，并迅速成为互联网、美食圈的大热话题。首次公开拍卖，竟有一头猪拍出了

27 万的天价；2017 年网易味央全民众筹 20 天筹得 1919 万元；接着全国首家与网易味央合作的线下实体餐厅——“猪爸”也开始营业，并迅速成为杭州网红餐厅之一。网易味央黑猪肉俨然已经成了“高品位”“安心”“美味”的代名词，而这距离其正式发售也仅仅 8 个月而已。

通过对传统养殖模式痛点的不断摸索，“7 年钻研”“300 天慢养”“生态环保”“创新科技”等一系列标签铸就了网易味央独特的竞争壁垒，而每一个“以猪为本”的创新设计也成就了网易味央在安心、美味方面的公众认知。其独创的网易味央模式也已日趋成熟，形成了“产出高效、产品安全、资源节约、环境友好、可复制”的现代养殖模式，并受到了各级领导和国内外专家的一致认可，网易味央更因此成为中国发展“互联网 + 现代农业”的代表性企业。

（来源于网络，有修改）

# 任务四 “互联网+”乡村旅游

随着市场经济的发展和人们生活水平的不断提高，人们在腰包鼓起来的同时，也越来越追求高质量生活，乡村旅游应运而生。乡村旅游具有大众化、多种生活体验、城市居民回归乡村原始淳朴生活的特点，它是以乡村风光和活动为吸引物、以城市居民为目标游客、以满足旅游者休闲娱乐和回归自然等为目的的一种旅游方式，它是游客需要、农民受益、前景广阔、促进地方经济发展的“朝阳产业”和“环保绿色产业”。

## 一、发展乡村旅游的意义

第一，发展乡村旅游有助于推动农村产业结构的优化和调整。伴随休闲农业、绿色农业、现代化农业的兴起，乡村旅游增强了传统农业的延伸，促进了现代化农业体系建设，推动了农村产业结构的优化和调整。农村传统产业只有种植业和养殖业，劳动方式单一，劳动强度大。通过发展乡村旅游可以推动农村产业分工，从而形成以乡村旅游为中心的产业链：农家乐以及由农家乐经营带动的餐饮、休闲等服务业，种植业、养殖业，农副产品加工业，运输业等，拓宽了农民的劳动方式，有效地转移了部分农村剩余劳动力，增加农民收入。

第二，发展乡村旅游是转变农民收入方式、改变农民生活方式的有效途径。发展乡村旅游可以使农村自然资源、人文资源体现价值，同时也使农村生产的农副产品就地消费，降低了运输成本，提高了市场价格，促进农民增收。乡村旅游的每个农家乐就如同一个小景点和小旅行社，只需要对农民原有的住宅、果园、鱼塘等进行少量的投资，就可以满足游客的需求，产生更高的农产品附加值，从而增加农民收入、改变农民生活方式，而且他们所投资的住宅、果园、鱼塘等，在有顾客时则经营，没有顾客时则自己使用或运营，不会闲置和浪费。传统农业的主要收入方式为养殖家畜、种植粮食和经济作物，劳动强度大，附加值低，主要靠青壮年创收，收入方式单一。乡村旅游行业不像别的行业有年龄限制，不但为农民提供了更多的就业机会，而且让他们不需要背井离乡就可以获得丰厚的回报，推动了农村经济的发展。

第三，发展乡村旅游加强了农村现代化建设和基础设施建设，提高了农村的文明程度和农民的素质。由于乡村旅游的发展，政府加大了对基础设施建设的投资，而且有些已具备一定规模的农家乐业主为了更好地吸引游客，不断对已有的基础设施进行增加建设，使农村的道路、水电、垃圾处理等基础设施功效进一步加强。通过发展乡村旅游，农民的文化知识和综合素质有了显著提高，民主意识和行业意识得到增强。乡村旅游作为一种新兴产业，已成为城乡经济、文化一体化的重要纽带，加快了农村的现代化建设和精神文明建设。

第四，发展乡村旅游可以吸引外出务工的农民回乡创业，解决土地荒芜、空巢老人和留守儿童的问题，推动了和谐农村的发展。

**阅读链接**

### 乡村旅游在互联网时代焕发生机

近年来，我国乡村旅游正在多元需求中稳步成长，已超越传统农家乐形式，向观光、休闲、度假等复合型转变，还催生了特色民宿、夜间游览、文化体验、主题研学等产品和项目。乡村旅游也从过去的一个点、一个村，扩展为一个片区、一条特色旅游带，乡村风情小镇、沟域经济等都在加快发展。

据统计，2019 年全国乡村旅游总人次超过 30 亿，占国内旅游总人次一半以上，乡村旅游总收入 1.81 万亿元。

以农家乐为切入点，乡村旅游、旅游扶贫正风生水起。以福建省福州市为例，“十三五”期间，乡村旅游基础日渐坚实、产业规模持续扩大、发展质量不断提升，直接带动了旅游从业人数和旅游收入的加速增长。

（来源于网络，有修改）

## 二、"互联网+"乡村旅游

互联网乡村显然不是乡村的在线化和数据化，而应是以先进技术为支撑，以产品建设为根本，因此乡村旅游想要取得可持续的发展，就要对接互联网消费思维，实现旅游产品的升级。

## 三、"互联网+"乡村旅游的策略

### （一）融入乡村旅游创意产品

在互联网时代，人们的消费已经进入个性化消费时代，传统的农家乐已经不能满足消费者的需求，因此乡村管理者一定要保持创新意识，在信息的帮助下寻找产品创意，利用每一个乡村都拥有其独特的民俗、特产、风貌去深度创意。在农产品创意领域，已有"卖檬"等创意品牌走出了一条路，通过"网络范儿"视觉与文字包装，品牌拥有了鲜活的生命力，树立了良好的品牌形象。

### （二）拓展新业态类型产品

互联网时代下，要以全域化、特色化、精品化为乡村旅游的发展理念，拓展与开发原乡休闲、国家农业公园、休闲农场、乡村营地、乡村庄园、乡村博物馆、艺术村落、市民农园、民宿等新业态类型，助推从乡村旅游到乡村旅游生活的转变。

**阅读链接**

**黔东南州促进乡村旅游发展**

近年来，黔东南州围绕"打造国内外知名民族文化旅游目的地"目标，积极探索乡村旅游发展新路径，初步形成"一县一业""一乡一特""一村一品"的乡村旅游可持续发展模式，推行能人带户、景区带村、合作社带区域的"三带"模式。2020年全州乡村旅游接待4869.81万人次，2021年1月至4月接待1831.2万人次。

黔东南州不断优化乡村旅游发展新格局。大力发展"乡村+景区"模式，创新旅游文化体验活力，以"特色村寨"为核心驱动力，满足游客旅游体验需求，丰富景区业态。丹寨县石桥村的石桥古法造纸文化旅游景区大力发展特色旅游，让游客体验古法造纸的魅力，吸引了众多游客。2020 年石桥景区接待游客 29.697 万人次，旅游景区的繁荣推动了乡村旅游快速、健康发展。

（来源于网络，有修改）

### （三）增加网络可视化产品

在线上微信互动、网上订购、“关注抽奖”“媒体网络互动、大众广泛参与”，线下“野外踏青、景观垂钓、采摘乐趣、绿色食品佳肴、健身暴走、畅享自然”基础之上，打造多种私人定制化产品，通过网络可视化技术，提供乡村旅游产品的实时动态分享，让线上的消费者变为线下游客，线下游客变为线上消费的常客。

**阅读链接**

**徽州区“视频厨房”提档升级农家乐**

在安徽省黄山市徽州区潜口镇紫霞美食一条街古镇小厨农家乐，徽州区市场监管局的工作人员正在对“视频厨房”进行验收：十余平方米的厨房里干净整洁，设施设备齐全，摆放有序，有的还是新添置的，厨房顶部安装有摄像头；小餐厅里，座椅摆放整齐，顶部也有摄像头；在隔壁的大餐厅里，一面墙上挂有显示屏，正播放着厨房和小餐厅实时画面。

据了解，“视频厨房”是明厨亮灶的一种模式，主要由摄像头、显示屏和厨房组成。摄像头原则上每户安装两个，一个安装在厨房，另外一个安装在粗加区域；显示屏主要安装在就餐大厅、包厢及前台结算处，消费者可以通过视频的方式，同步观察餐饮食品加工制作全过程。

（来源于网络，有修改）

## 四、“互联网 +”乡村旅游的推广

### （一）化客体消费为主体宣传

从加强景区自身建设出发，充分考虑游客需要，让游客在实地游玩中享受、归心，营造多个拍照点、点赞点、感悟点、分享点，借助互联网平台分享出去，实现化客体消费为主体宣传。

### （二）线上线下齐头并进

乡村旅游营销模式要实现“线上线下”互动营销、融合营销、精准营销，在做好线下营销的同时，要加大线上营销的力度。做好网站建设，通过微信、微博、微商、团购等多种互联网营销模式，提供乡村的地理位置、交通状况、旅游价格、自然风景、人文特色、村庄特色、民风民俗、住宿餐饮信息，并为游客游览线路、时间安排、食宿安排等提供建议，实现从“卖产品”转变为营销乡村休闲生活方式。

### （三）区域资源的整合营销

乡村旅游不是一家一户的各自为政，而是在实现资源共享、形象整合和市场一体化基础之上的整体化营销，采取政府引导、舆论造势、企业实施、农户合作的营销策略，通过统一整合产品、统一编排线路、统一包装形象，打造村庄整体的“旅游名片”。

无论是当下，还是未来，乡村旅游都发挥着重要的作用。只有把绿水青山建得更美，把金山银山做得更大，才能让乡村美起来、农民腰包鼓起来。

## 思考与练习

1. 简述乡村旅游的意义。
2. 试着写一套乡村旅游发展的方案。
3. 简述“互联网 +”农资流通的意义。

## 学习总结

1. 你在本项目中学到什么？
2. 你在团队共同学习的过程中，曾扮演过什么角色，对组长分配的任务完成得怎么样？
3. 对自己的学习结果满意吗？如果不满意，还需要从哪几个方面努力？对接下来学习有何打算？
4. 学习过程中经验的记录与交流（组内）有哪些？
5. 你觉得这个课程哪里最有趣，哪里最无聊？

# 项目三　农村电商运营前准备

**【知识目标】**

1. 掌握如何选择适合的产品。
2. 掌握如何挖掘产品的卖点。
3. 掌握如何确定产品的价格。
4. 掌握如何锁定目标客户。
5. 掌握如何设计店铺风格。
6. 掌握如何美化产品的包装。

# 任务一　选择合适的产品

商场如战场，企业在开展任何项目之前都需要做好充分的准备工作，无论是人力、物力、财力，还是方法、策略等方面都需要进行全面而详细的筹备。对于农村电商也是一样，要想做好农产品电商，前期详细的市场考察以及资源配置和优化是必要的保障。

## 一、市场数据化分析是前提

在“互联网+”浪潮的冲击下，电商已经成为无数企业和创业者抢占市场的重要选择。而且，电商也不再是城市的专属，越来越多的人开始将目光对准农村市场，农产品电商化逐步成为人们关注的焦点。然而，对于任何企业或者创业者来说，在开启新项目之前，一份详细而合理的商业计划是非常重要的。所有商业技术都是建立在市场分析的基础之上，实际而深入的市场数据化分析是商业计划的灵魂，如果缺少这个环节，那么所谓的商业计划就只是一座空中楼阁。做好市场数据化分析，可以从以下几个方面入手。

### （一）对项目所处行业整体前景的了解

了解项目所处行业的整体前景是市场分析的基础，包括行业发展现状以及市场潜力两个部分。这项工作可以帮助企业详细了解行业所在市场的竞争情况，从而更好地对竞争对手进行分析总结。

### （二）对行业及竞品的分析

作为农产品店铺的店主应如何更好地分析行业和竞品，做好自己的店铺定位呢？其可从以下4个方面开展。

**1. 分析行业数据特征，预判行业体量和未来的趋势**

来自官方的数据最为准确，查看的方法是登录自己的店铺，以拼多多为例，进入拼多多店铺商家后台，在“推广中心—推广工具—搜索词分析—搜索词查询”中查询。通过查询能够对行业体量和未来趋势进行判断。

**2. 计算行业客单件，争取最大的利润空间**

以拼多多为例，平台的商品都存在阶梯价格，所以需要统计同类商品的平均价格，店主可通过多多参谋或者电霸等第三方软件快速查看。例如，若猕猴桃类目成交的平均单价是15.36元，商家在定价的时候可以参考这个价格。如果做的是中低端的商品，可以将商品定价低于15.36元；如果做的是高端商品，可以将商品定价高于15.36元。一个店铺有低价引流的商品，又有可争取利润的高价商品，最终才有可能在销量起来的同时获取到最大的利润。图3–1为农产品电商常用的猕猴桃宣传图。

图3–1　农产品电商常用的猕猴桃宣传图

**3. 关注行业竞争对手店铺，了解竞品的总量和优质竞品的数量**

仍以猕猴桃为例，由于猕猴桃属于外形相似的水果，所以要想突破，想在竞品中获得更多的展现机会，需要商品的转化数据和销量数据都比同行好。如果是新进入平台的商家，其面对的是销量和转化数据都已经很好的竞品和竞店，更要做到知己知彼，方能百战不殆。

**4. 了解行业竞品SKU设置**

在拼多多平台上，大部分的类目商品有2个以上的最小存货单位，以此来满足不同消费者的选择需求。而大多数农产品是以重量、品类来区分价格的。商家在设置的时候一般会考虑到商品的总重量、个数和单果的重量，以此来区分不同规格的商品，也可以让消费者根据自己的喜好和需求选择合适的商品。

了解竞争对手及竞品的基本情况是市场分析调查中必不可少的工作。同时，要总结对手的经验，并分析自身产品打入市场的正确途径。

### （三）对自身情况的分析

对自身情况的分析可以采用 SWOT 方法进行，即结合自身企业在行业中的优势、弱势、发展机会、在市场中面临的威胁，对自身项目进行详细而具体的分析。这是一种将企业与市场结合进行整体分析的方法，目的就是帮助企业扩大市场份额。

### （四）对目标消费者的分析

任何产品的最终目的都是面向消费者，取得消费者的认可是企业扩张过程中最重要的事情。因此，每款产品在正式推出之前都要找出适合自身的目标消费群体，从而对这个群体的需求和特征进行详细的分析研究，使企业产品得到市场的认可。

需要强调的是，互联网时代，企业正处于时刻变化的环境，每个项目所面临的环境也不是一成不变的。因此，一份真正优秀的市场数据分析应该建立在时间的基础上，对一定时间内的市场环境作出客观且动态的分析和预测。

“互联网 +”农业让广大农民朋友成功搭上了互联网的时代快车，给农产品销售开辟了一条全新的道路，让广阔的农村地区摸索到了一条致富之路。和传统的线下销售相比，电商最突出的特点就是保存了足够的数据。而数据化正是互联网化的核心和本质。可以说，电商是一个与数据为伴的行业，而准确的市场数据分析对于企业的成功发展至关重要。那么，数据又应该从何而来呢？

通常情况下，我们可以采用 3 种方式取得市场的具体数据，即以问卷形式进行的市场调研、使用互联网官方工具查看市场行情以及对历史数据进行调查研究。传统的线下市场调查不但耗时长、准确度低，而且取得的数据无论是广度还是深度都非常有限。随着计算机和互联网技术的不断提高，一些官方查询工具的出现为人们提供了极大的方便。百度指数就是在数据查询中常用到的一种工具。

在我国搜索引擎市场，百度的地位是毋庸置疑的。这就意味着通过百度指数取得的统计数据具有较高的精准性，在很大程度上直接反映了人们对某个词语的关注度，从而了解产品发展的市场前景。

同时，我们还可以通过百度指数的人群画像了解该词语所代表人群的地域分布以及人群属性，从而根据数据统计选择一些搜索热度较高的城市作为产品宣传和销售的主要地点；同时还可以根据这些城市人群的特点设计产品的包装和价值塑造，以便吸引更多客户。而产品人群属性的统计则更加有利于定位目标客户与市场价格。

### 1. 分析市场

农村是个非常广泛的市场，企业踏入农村电商行业后还需要进行更细致的市场分类和分析。选择市场，不要只凭直觉，要相信数据，尤其是使用互联网工具进行数据分析。首先要确定市场细分的变量，即找到能够且适合切入的变量。值得一提的是，因为当前市场的需求单纯依靠单一维度的市场细分已经很难得到满足，所以进行市场细分最好从多维度入手。

### 2. 百度指数

如何判断一个市场是否值得切入？需求量大小、竞争对手多少、转化率高低、预计市场整体趋势走向以及开店者对市场的熟悉程度，都必须加入考虑范围。在淘宝搜索分类不能正确指导的情况下，百度指数不失为判断整体趋势的好方法。打开百度指数，首页有一个功能——搜索词查询。搜索词查询功能可以为使用者提供是否值得其切入的最基本的判断标准。搜索人气稳定且较高、支付转化率比较高、在线商品数量少、整体趋势持续上行的市场更加值得开店者切入。

除了百度指数，现在市场上还存在许多专业的一站式数据分析产品，如淘宝的生意参谋、阿里云的大数据平台等。

这类数据分析产品都可以帮助投资者快速、准确地得到自己需要了解的数据，从而为项目的开展做好充分的前期准备工作。

农村电商的兴起将农产品线上和线下营销有效地结合在一起，逐步促成“农产品进城”和“工业品下乡”的双向流通，形成一个全新的商业闭环。而做好农产品电商上行工作的第一步就是要做好市场数据的分析工作，以最大化保障项目实施的可行性，为今后打开市场打下基础。

## 二、选择合适的产品

无论在网上做什么，都需要找准定位。在不考虑生鲜电商的不同模式前提下，从生鲜产品的利润和电商的难易度两个属性对产品进行划分，将适合电商的产品划分为以下四个象限，可供农村电子商务创办者参考。

第一象限：高附加值且易于做电子商务的产品。这类产品作为主打产品和主要利润来源，如高端干货、食用油、某些水果、奶制品和某些加工后易储存和运输的肉类，这些产品一方面附加值比较高，另一方面比较容易储存和配送。

第二象限：高附加值但不太易于做电子商务的产品。这个象限的产品主要是禽蛋类、冷鲜肉类和某些蔬菜、水果。这些产品不太易于储存和配送，既没有统一的标准，也不太容易通过网络展示商品特性，但是可以通过创新来改变，比如可以进行预售，还可以通过包装进行改进。

第三象限：低附加值但易于做电子商务的产品。这类产品适合微利多量，或者提升某些产品的附加值，让其更多地到达第一象限，如某些干货和米面，还有某些根茎类蔬菜和水果。

第四象限：低附加值且不易于做电子商务的产品。主要有叶类蔬菜、豆制品和水产品，但以下几种情况除外：有机蔬菜，附加值高，能同其他产品一同配送；豆制品，不易储存，附加值低，可作为搭配销售；预售或是定期配送的模式。

总之，农产品电商在进行选品时，需要对市场进行深度调研，以免盲目进驻平台，由于定位不准确，而满盘皆输。在做好相关的调研工作后，再进行产品的选择，一定要选择有特色且容易被消费者接受的产品，这样才能够保障产品一经推出后，获得较好的效果。

# 任务二 挖掘产品的卖点

随着生活水平的提高，大家购买农产品的时候更加注重质量和特色。如果要选择一种农产品销售，首先要调查分析该农产品的核心卖点，对选择的农产品进行深入的了解，在众多同质化的农产品中发现该产品的独特优势，寻找激发消费者购买欲的“兴奋点”，从而打造出既能满足消费者又能和竞争对手区分的独特卖点。

在完成电商的市场调研和数据分析、确定好预备进军的农产品行业工作后，接下来就是做相关农产品的卖点挖掘及定位工作。

到底如何才能赋予“特色”一定的卖点呢？为寻找产品的核心卖点，商家要对产品有深入的了解，同时了解竞争对手，学会以差异化的思维在众多同质化的农产品中发现自身产品的独特之处，从而最大化地取得竞争优势。通过对产品生产的地域优势、文化优势、品牌优势等各个方面进行塑造，寻找激发消费者购买欲的“兴奋点”，从而打造出既能满足消费者需要又能和竞争对手进行直接区分的独特卖点。

结合农产品本身的特殊属性，可将卖点定位在地域优势上。因为生长地区的不同，可以赋予农产品很难被套用的优势卖点。此外，农产品电商也需学会利用农产品的悠久历史，挖掘传统优势中潜藏的极好卖点，并借此产品磁场效应增强客户黏性。同时，农产品电商还需要注意从品牌上培育卖点，因为品牌才是产品最终成功打开市场并具有持久消费吸引力的最佳武器。缺乏品牌化，即使产品拥有一时的卖点也不会走得长远。接下来，我们就细说农产品的主要可挖掘卖点。

## 一、地域优势

要做好一个店铺，需要对自己的商品情况进行策划。平台不缺好的商品，但是缺乏将好商品表达出来的店铺，缺乏让消费者产生购物冲动的商品页面。

图片、文字和视频相当于线下的导购员，需要在消费者进店之后将商品的突出特点、功能卖点展现出来，吸引消费者做出收藏、购买等行为。

对于农产品而言，如何将自己的商品表述出特色非常重要。农产品在外观上没有太大的差异，要想凸显自身商品的特色，可以从以下几个方面来表述。

根据某平台农产品近七成订单研究发现，来自一、二线城市购买农产品的群体较多，所以可以考虑一、二线城市购买农产品人群的心理，如想买到自己家乡的特产、想买到有地域特色的农产品等。农产品的卖家在表述卖点的时候，可以多挖掘商品所在产业带的地域优势，而地域优势又可以从气候、湿度、地形、植被、水质、无污染等方面进行表达。

相关专家对农村电商定位做出最精准的概括，那就是突出“土”。“土”是农产品最主要的特色以及最重要的卖点。农产品讲究源头和地域文化，多数为原产地土生土长、原产地直发，并由农民亲自种植的天然绿色产品。如此，“土”便成了安全健康的代名词。

生长环境不同可以赋予当地农产品很难被套用的优势卖点。地理标志农产品在这方面具有独特优势，如小站稻米、大港冬枣、茶淀葡萄等。这些特色的农产品不仅具有信任度高、容易被消费者接受的特质，还能省去推广费用。比如，天津的沙窝萝卜（图 3–2），又称天津卫青萝卜，俗称“赛鸭梨”，是天津农业名牌产品，因原产于天津市西青区辛口镇小沙窝村而得名，已有 600 多年的种植历史。沙窝萝卜色翠绿、味甘甜、脆嫩多汁，一直远销日本及东南亚等地区，成为当地农民致富的“法宝”。

图 3–2　沙窝萝卜

土鸡蛋（图 3–3）的最大特点就是“土”。农村电商经营者可在自己的网店页面上重点宣传散养鸡，渲染农村氛围，从而让消费者对产品产生信任，产生好感，放心购买。

此外，原生态蜂蜜也是“土”产品的典型代表。该产品在进行电商销售时可以重点突出原生态，通过展示蜂农的割胶（图 3–4）、传统方法过滤（图 3–5）以及装罐（图 3–6）等过程，赢得消费者的认可。

图 3–3　土鸡蛋

图 3–4　割胶

图 3–5　传统方法过滤

图 3–6　装罐

此外，卖家还可以挖掘农产品的品种优势、营养成分优势、采摘新鲜度优势、种植规模优势、售后服务优势等。

## 二、人物塑造与讲故事

人物塑造与讲故事是打造产品文化、提升产品核心价值、提高产品市场竞争力的有效手段之一，电商团队可以为自身的农产品塑造一个有意义、有特点的故事，以此提高农产品的知名度与消费者对农产品的好感度。

### （一）大学生返乡创业

随着国家推行乡村振兴战略，推进乡村教育、经济和文化发展，广大农村地区的发展态势和创业环境今非昔比，返乡创业自然是一种顺应时代发展的明智选择。正是受益于国家的政策推动，当下返乡创业环境越来越好，农村基层已经成为大学生发挥才干、反哺家乡的广阔空间。返乡创业也好，扶贫支教也好，都是发挥所学、展现自我的方式，打造了可持续发展的双赢格局。

大学生对家乡的历史、现实较为了解，知道当地的经济增长点和发展瓶颈在哪，只要找到适合的创业切入点，利用好互联网平台，很容易摆脱传统商业模式的束缚，成就一番事业。近年来涌现的返乡创业典型，多是将所学专业与乡情有机结合，既圆了自己的创业梦，也帮助父老乡亲圆了致富梦。利用创业者的返乡大学生身份等特征，可以对农产品进行塑造包装，让消费者心生好感，以此收获忠实客户。

### （二）公益、爱心义卖、扶贫

爱心义卖活动不仅能够切实帮助农民增收，还是聚焦企业需求，创新工作思路，整合资源的方式。因此，需要当地政府与企业合力搭建智慧平台，广泛牵线搭桥，一头联结上游农产品生产基地，一头服务下游消费者，多方合力助农助商，为加速推进乡村振兴贡献一份力量。

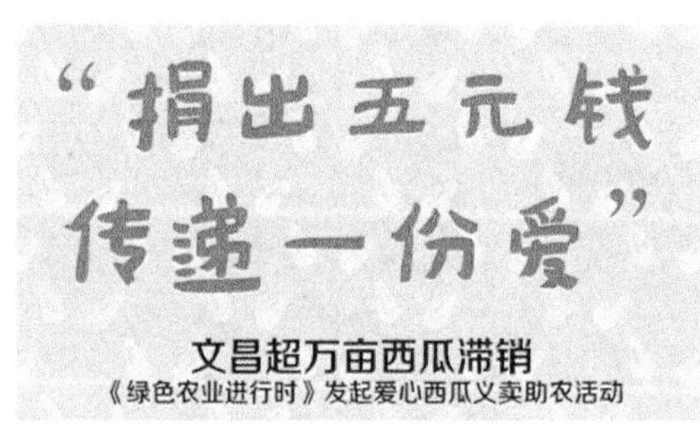


图 3–7　爱心义卖

此外，农特产品多产于偏远农村与贫困县，很多因为产量大导致滞销。所以，公益、爱心义卖（图 3–7）、扶贫概念可以成为其很好的卖点。

### （三）明星代言

农产品结合明星的公众影响力会加快农产品的传播。有时企业苦苦经营多年，还不如明星代言一个月带来的影响大。当然，明星代言必须贴合农产品本身的定位。

## 三、味道好

农产品一般具有健康、天然和美味等特点。对于食用型农产品来说，食用性是其最基本的属性，味道好才是王道。大力宣传农产品的绝妙口感可以吸引大量消费者前来购买，如美味牛肉干（图 3–8）在宣传上着重强调“美味”，在勾起消费者食欲的同时，促进了购买行为的发生。

图 3–8　美味牛肉干

## 四、商品的标题优化调整

以拼多多平台为例，任何一种产品的同类竞品都是非常多的。想要在众多的同类竞品中脱颖而出，写一个较好的标题是非常有必要的。首先，要找到商品在平台上搜索的关键词，只有用消费者搜索的词，系统才会有针对性地推荐给有对应需求的消费者。商品标题的优化包含以下两步。

第一步，寻找相关关键词。

（1）下拉框找词、搜索页面的细选词。在拼多多购物平台上输入商品名字或者别名，系统会弹出 10 个在平台上热搜的词，越靠前的词，热度越高，这些词可以用来组成标题。

（2）用推广工具找词。进入拼多多店铺商家后台，在“推广中心—推广工具—

搜索词分析—搜索词排行榜”中选择商品对应的类目。系统会推荐过去 3 天或 7 天搜索热度由高到低的相关词，可以参考数据，选择适合商品的词并写到标题中。

第二步，构建商品标题。

在写标题的时候可以多参考推广工具的词，因为有数据供参考。例如，以“四川猕猴桃”新品标题写作优化为例，可以优先选择点击率较高且其他数据也不错的词，如以“黄心猕猴桃奇异果”为主要的核心词放在标题中，再结合下拉框的词，写出的标题为“黄心猕猴桃奇异果四川猕猴桃 5 斤批发整箱现货”。

在构建标题的时候，还需要注意，重要的词尽量放在前 12 个字的位置；同样的词不要重复，如果需要重复，最多出现 2 次；如果是数据特别好的词，词的顺序尽量保持不变直接放于标题中；当标题词不够 30 个字的时候，既可以用下拉框找词，也可以参考同行用词，还可以用商品的别名；当商品有较好流量的时候不要修改标题，特别是前 12 个字，如果有一些好的词想要加到标题中，可以将尾部的词替换掉。

## 五、核心差异点

除了以上一些卖点挖掘的思路，电商团队还需要再开发出自己的核心差异点，如独特的种植方式、祖传的采摘方式、独家的制作工艺等，从而建立自己的独特优势。关于这一点，我们以芋圆为例。手工芋圆强调独特的手工制作工艺，并在宣传页面配上制作过程的图片（图 3–9），增强真实感以吸引更多消费者。

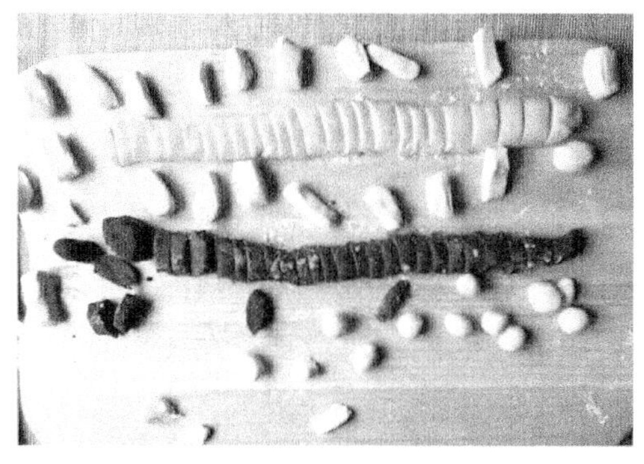

图 3–9 制作过程

此外，天津市蓟州区农家麻酱鸡蛋也是近年来销量较高的农产品之一，经过秘制生产腌制，纯手工制作，蛋黄溢油、咸淡适中，在宣传页面配上制作过程的图片，增强真实感从而吸引更多的消费者。

## 六、关注消费者评价

在产品差异性越来越小、市场竞争越来越激烈，而消费者要求千变万化的今天，越来越多的企业重视到只有建立核心优势、关注消费者需求、提高服务质量，才能在激烈的市场竞争中脱颖而出。好的评价会让未购买的消费者产生信心，差的评价则会直接导致消费者流失。所以，企业应该多关注消费者评价，利用消费者评价的口碑效应打造自身品牌形象。

## 七、管理优势

着力发掘选定农产品特有的隐含价值，“讲好故事”，实现品牌化、差异化发展。比如，商家在网上卖白菜，不能简单地说这就是白菜，而要说出白菜的特色，体现出白菜吸引人的地方。举例来说，白菜种植的过程中不使用化肥，依靠有机肥，在白菜生长的关键期都配有照片，再拿出白菜获得的各项认证证书，证明白菜的生产过程绿色、无污染，白菜的营养价值高。图 3–10 为某电商平台中销量较高的农家白菜生长周期的拍摄页面。

图 3–10 农家白菜生长周期的拍摄页面

## 八、品牌优势

树立品牌意识，打造品牌形象一直是农村电商的重要发展方向。

从营销学的角度来说，消费者除了对农产品品质和价值的认同，还有一种影响消费者选择的因素，那就是品牌文化，它是品牌所赋予产品的又一附加值。“品牌文化”一旦形成，有利于各种资源要素的优化组合，从而提高核心竞争力。2015 年 7 月，浙江大学 CARD 中国农业品牌研究中心团队受陕西省西安市户县（现为西安市鄠邑区）人民政府邀请，为户县葡萄做品牌规划。户县是“中国现代民间绘画之乡”，运营团队将产品和地方文化进行了完美结合，在品牌形象上，以“户”字为原点，以“农民画”为内涵，利用葡萄的形状和色彩基调进行了大胆的创作。如今户县葡萄的宣传已出现在西安咸阳国际机场，成为外地人来西安看到的第一个农产品品牌，在精品农产品品牌的发展之路上越走越好。

此外，浙江大学 CARD 中国农业品牌研究中心团队通过对陕西省榆林市横山区羊产业的调研、策划、创意，很快构建出“横山羊肉”品牌形象。品牌引领市场，随着市场逐步打开，横山羊肉产业发展进入良性轨道。

## 九、文化优势

要学会利用产品的悠久历史挖掘传统优势中潜藏的极好卖点，并以此提高客户黏性，最为明显的案例就是乡村旅游与农村电子商务的结合。现在是全民上网的时代，人人都在网上寻找信息，特别是当前，乡村旅游进入了一个全面发展的时期，很多地方把当地的名胜古迹、风土人情结合起来发展乡村旅游。乡村休闲田园旅游、森林休闲旅游、草原休闲旅游、渔猎渔家旅游等形式深受消费者欢迎，如婺源油菜花引得众多游客驱车观赏。以甘肃省陇南市康县为例，康县创新“电子商务 + 乡村旅游”的融合发展模式，在花桥、凤凰谷等美丽乡村开办 18 家电商扶贫体验店，同时开通了康县乡村旅游网，使 26 家农家乐、农家客栈实现了网上订餐、订宿，推动红色文化、民俗文化、农耕文化、生态文化等与旅游产业深度融合，将文化与旅游融合发展，增强乡村旅游的魅力。

# 任务三　确定产品的价格

确定产品的价格，就是卖家通过对产品质量和市场现状等多方面的综合考虑，把产品价格确定在一个合适的水平，从而尽最大限度吸引消费者并实现收益的最大化。对于卖家来说，无论经营的是哪一类产品，其定价都和产品成本有着直接的关系。但究竟合理的产品价格是什么，有许多农产品电商户有这样的经历，产品价格定得过高，消费者不买账，导致客户流失；农产品价格定得过低，消费者不信任，质疑产品是不是真材实料。

管理大师西蒙曾经说过，一个现代的农夫，如果用拖拉机去耕地、去施肥，最后却用镰刀来收割的话，那真是得不偿失的事情。简单来说，就是前期投入很大而后期的收入却很低。其实一个重要原因就是定价问题，卖家对产品和服务进行定价的过程就是和消费者进行的一场心理博弈。

价格定位关乎成败。对于卖家来说，无论经营的是哪一类产品，其定价都和成本有着直接的关系。和传统线下销售相比，较低的渠道成本一直是电商经营者的优势。而对于农村电商来说，正确地给农产品进行价格定位也是一门必不可少的功课。一般情况下，当卖家意识到自己给产品定位的价格并不被消费者认可，没人愿意为其买单的时候，再对自己的产品价格定位和产品质量进行改变就为时已晚。特别是对于时间和资源都有限的初创公司来说，时间就是机遇、就是金钱，利用精准的价格定位一击即中才是最明智的行为。

## 一、定价需考虑市场行情和竞争程度

价格定位分为高档、中档、低档，不同的定位意味着不同的竞争程度。产品的市场竞争程度可以使用在前面讲到的“淘宝搜索”和“生意参谋”来查看。下面我们以“芒果”为例，展示产品定价的过程。

在淘宝的产品搜索栏中输入“芒果”二字并单击搜索，可以得到该产品的热门搜索关键词。同时，我们在进行筛选时也可以得到该产品在某个价格区间的搜索人数占比。如此一来，我们就可以根据此结果对产品价格进行定位，将其定位在大多数人接受的区间，让其最大限度地出现在消费者的视线中。

从搜索结果可以看出，低端和中端的价格段是更受用户喜欢以及市场接受的价位，但这也意味着竞争更加激烈。相比而言，价格在100元以上，属于高档定位的芒果市场，市场竞争相对较小。

所以，在保证盈利的基础上，一定要注意保持产品的价格优势，制定一个符合大多数买家消费水平的价格。通过调研发现，淘宝搜索“芒果”，更多消费者偏好15~40元价格区间的产品。如果产品定价在此区间，则可以获得更多淘宝给予的流量展示机会；如果产品定价在较低的区间，可以凭借拍下立减的方式把产品价格设置到大多数消费者偏好的区间，以使淘宝搜索展示机会得到最大限度的增加。

## 二、定价应考虑产品成本

做生意一定要考虑成本和利润，不赚钱的生意注定难以为继。所以，为产品定价时一定要计算出所有涉及的成本，产品的采购成本、包装成本、物流成本、一定比例的损耗等共同构成产品成本。

通常来说，电商农产品的出售价格都是以产品成本价格的2.5倍计算。举例来说，一斤腊肉的成本 = 农家土猪肉（16元）+ 配料（1元）+ 柴火（1元）+ 人工（2元），共20元，在线上的定价即为50元 / 斤。还需要考虑的成本有快递费，快递费每件8元，包装费每件2元，打折促销还会有5元的优惠，利润空间是50–20–8–2–5=15元。

总有人想着以“低价”作为策略，但在消费升级的时代，这样的观念已经落伍了。现在很多消费者购买产品时，不单单是购买产品本身，还要追求价值观、情感共鸣等购物体验。因此，在产品定价的过程中，肯定不能再“唯低价论”。定价需要价值化，要获得利润、回报。人文是农产品区别于同类产品、提升品牌附加值最为直接精确的方式，建议做有情节、有立场、有温度、有乡愁的品牌，一是要发掘产品独一无二的特性价值；二是建立品牌与消费者之间的强劲关系。消费者现在从网上购买产品，绝不满足于日常三餐的需求，他们更加重视的是健康、安全和特色、农产品背后的品牌故事、种植的情怀、种植生长过程中的体验等方面。

## 三、定价需留促销空间

产品价格定位要考虑市场需求，除了根据产品特性制定一个比较符合当前整体市场的价格，一定要考虑为后期的促销活动留出空间，例如“双 11”活动价、会员专享价以及老客户优惠价等。

## 四、定价需考虑产品类型

一般情况下，电商店铺产品的价格有 4 种类型：引流款、利润款、锚产品和活动款。

### （一）引流款

引流款即店铺爆款，顾名思义，就是非常火爆的产品，高流量、高曝光量、高订单量就是它的具体表现。引流款是给店铺带来流量的产品，但不是利润的主要来源。通常情况下，那些给店铺带来高流量、高订单量的产品，价格都相对较低，而且给店铺带来的利润也非常有限。

但是，对于线上店铺来说，流量是非常重要的，作为主推产品的引流款必然会以流量为最大的追求。因此，这种产品通常具有转化好、性价比高等特点，可以为店铺创造更多的免费流量。

事实上，“大众”与“个性”本身就是相互矛盾的词，作为店铺吸引流量主力的引流款一定是被大多数目标客户群体所接受的。因此，在进行引流款产品的选择时，我们应该做好相关的数据测试和统计，挑选出一些转化率较高、地域限制较少的产品。针对这样的产品，建议占店铺总产品的 20%，一般 5 件以内。而在打造引流款的前期应该尽可能地把价格降到最低，甚至做好“赔本赚吆喝”的准备，为打造引流款产品提供最大限度的便利。此外，卖家在成本投入上要学会适当的控制。通常情况下，0~1%的利润率对于引流款产品来说是较为合理的。而对于引流款产品的折扣，一般在50%以上较为合理，这样有利于参加淘宝平台的官方活动，如“双11”大促。

### （二）利润款

任何店铺的运营都是以获取利润为最终目的，而所谓的利润款就是能够为店铺盈利的产品。通常情况下，店铺的产品除了引流款都可以称得上是利润款，而利润率的大小则由卖家根据实际情况确定。这类产品的流量通常不会太多，但是利润较高。

在实际销售中，利润款通常在店铺的产品结构中占据较高的比例，一般为70%。此外，我们在确定利润款产品时应该瞄准目标客户群中追求个性的小众群体，对他们的爱好进行挖掘，从款式、设计风格以及价位等多个方面进行考量，以满足小众群体的消费需求。卖家在进行产品推广之前，同样需要以少量定向数据作为参考，可以采取预售等手段进行相应的调研，以实现精准推广。

### （三）锚产品

锚产品也称形象款，即一个店铺的形象工程。在产品的选择上，形象款应该以一些品质高、单价高的极小众产品为主，可以针对目标客户群中的3~5个细分人群制定3~5种类型。通常情况下，形象款是以提升品牌形象为主要目的，只占产品销量中很小的一部分。

有家专卖烤面包机的连锁店以产品质量好、价格高而闻名，他们最初的主营产品是一种售价1399元的烤面包机，但后来他们又专门增加了一种售价为2289元的大型烤面包机。而由于该店的主要买家以普通用户为主，因此这种适用于面包房的大型烤面包机大量滞销。但是，其主营产品却实现了销量的翻倍。

我们从以上案例可以看出，该连锁店中2289元的大型烤面包机就是该店的锚产品。在将普通产品价格与这个锚产品价格对比之后，消费者就会形成一种印象：1399元的烤面包机简直太划算了，除了小一些，它和2289元的大型烤面包机的功能几乎相同。因此，尽管真正购买2289元烤面包机的没有几个人，但它的存在却在某种程度上使消费者更愿意购买1399元的烤面包机。

### （四）活动款

活动款就是用于做活动的产品。电商做活动的目的是什么，是清库存、冲销量还是体验品牌？如果是清库存，那多半是一些陈旧的产品，这必然牺牲了消费者对品牌的体验，那么低价是弥补消费者的一个很好的方式。如果是冲销量，卖家是否要亏本销售也要分情况，如亏本降价之后能带来好的销量，提高店铺在其他商品上的价值率，那就可以这么做；如果降价商品亏本，也带不起店铺的流量，那这个营销策略就是不成功的。如果是体验品牌，则需要明确规划活动款，让消费者看到普通款与活动款价格的差别，从而让其产生购物的冲动，这就需要一个较大的折扣。

# 任务四　锁定目标客户

任何产品的营销都是因人而异的，农产品也不例外。深度挖掘出农产品的卖点之后，农村电商需要根据客户的不同选择偏好、不同社会地位、不同收入水平等差异化特点进行针对性营销。那么，如何准确地将客户细分归类呢？这就涉及客户画像的概念。

## 一、客户画像

客户画像是互联网时代数据化的产物，大数据是进行客户标签化的基础，通过可视化数据分析，可全面实现精细化、场景化运营。客户标签可以使农村电商更加快速、准确地处理信息，尤其是在搜索引擎、广告投放等应用领域能够进一步提升精准度，提高农村电商经营者获取信息的效率。客户画像可以简单理解成海量数据的标签，根据客户的目标、行为和观点的差异，将他们细分为不同的类型，然后在每种类型中抽取典型特征，赋予名字、照片、人口统计学要素、场景等描述，形成一个人物画像。

例如，有一位客户的信息是性别男，31 岁，已婚，收入 1 万元以上，爱美食，团购达人，喜欢红酒配香烟。

以上描述即为典型的客户画像。客户画像是客户信息的标签化。通过客户画像，农村电商可以抽象地描绘出客户的全貌信息，并将信息作为大数据的基础，将拥有共同兴趣爱好、共同特征的群体找出来，更好地进行营销，更好地为这个群体提供产品和服务。

客户画像包括几大信息模块（图 3–11），农村电商可根据这些信息模块准确描绘客户形象，进行差异化与精准化营销。

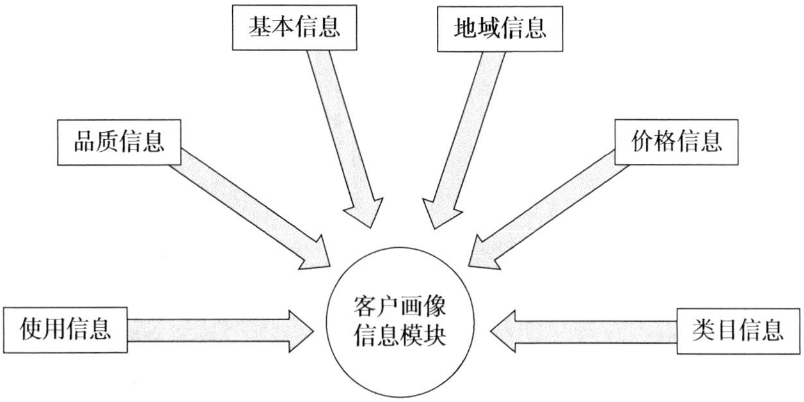

基本信息　地域信息　品质信息　价格信息　使用信息　客户画像信息模块　类目信息

图 3-11　客户画像信息模块

## 二、确定目标客户

目标客户就是购买你的产品、服务的对象。确定目标客户的“样子”就是从你的目标客户群身上找共同的一些特征，如年龄、学历、业余爱好、生活环境、经济收入等，通过这些特征让我们可以快速地在大千世界中找到他们，然后有针对性地去满足他们的潜在需求。随着互联网时代的到来，同质化竞争激烈，很少有老少皆宜的产品，只有精准定位消费人群，找到他们的兴趣点，才会引发内在的认同感。

对于许多淘宝店铺运营者来说，“生意参谋”是描绘客户画像的工具。“生意参谋”的人群画像功能是“市场行情”中的付费功能，需要订购“市场行情”专业版才可以使用，它是帮助商家通过社会属性、淘宝属性、行为偏好等多视角、多维度分析人群特征的工具。

“生意参谋”不仅能够帮你分析搜索人群的特征、行为偏好等，它还能对不同的关键词进行对比。如果你发现这几个关键词的人群特征类似，那就意味着这些关键词相关的人群是一样的，可以进行关联销售。

# 任务五　设计店铺风格

像实体店铺一样，有了网络店铺，还需要精心装修一下。整齐、美观的店铺界面，买家愿意多驻留一会儿，多看看店铺商品。淘宝和天猫的“千牛卖家中心”提供了第三方整体解决方案，在这里只介绍店铺设计与风格的关键点。

## 一、设计好店名和店标

网店装修首先要起一个吸引人的店名，设计出一个有特点的店标。店名和店标向顾客传达着店铺的精神、商品的特征，甚至店主的经营理念。好的店铺装修应当是店名、店标和店铺的整体风格统一，充分展示经营服务的理念。

## 二、首页设计是重点

首页不能太复杂，四屏左右的长度较为合适，首页应多使用一些饱和度较高和清新简洁的图片，给人一种信任感和舒适感，有用心经营的感觉，才能留住访客。装修首页的时候，第一屏可以放活动宣传海报，进行有效分流，打造引流款。通过技术实现全屏通栏的背景，让整个店铺的装修变得大气。此外，首页还要投放重点推荐的产品，重点推荐给买家。

## 三、注重主图和详情页的呈现

主图和详情页既是商品图片和卖点最终展现的地方，也是消费者了解商品的第一接触点。

### （一）主图的展示

以拼多多为例，店铺的主图最多可以放 10 张，可以把 10 张轮播图当作详情页来做，展示足够的商品信息，减少消费者流失；主图应呈现出一套完整的逻辑，最大限度地留住消费者，提升其购买的欲望。对于 10 张主图的展示有以下的几点建议。

第一张主图可以放“营销点 + 卖点”提高点击率，营销点如“立减 3 元”“送水果刀”等。第二张主图针对消费群体心理，回应消费者最关心的问题，引导购买。第三张主图凸显农产品的优势。第四张主图展示农产品细节点，以超出消费者预期的细节打动消费者。第五张主图展示整合资源优势，进一步吸睛。第六张主图可以选取评论区优质图片。第七张主图可以展现基地的农产品生产场景图，如原生态采摘、加工、包装图等。第八张主图展现细节，采用高清近物拍摄，可以加上营销文案，进一步强化营销点。第九张主图可以放资质证明，质检报告。第十张主图可以放简单的白底大图。

### （二）详情页的展示

详情页能详细完整地展示农产品的卖点，让消费者全面了解商品的细节。详情页直接影响收藏率、转化率等数据，最终影响农产品的曝光量和店铺的销售额。

详情页顶部前三屏展示的内容，直接影响消费者是否愿意停留在详情页上。第一屏的大图是视觉的焦点，可以放农产品的整体图，加上农产品最主要的卖点。背景可以采用能够展示品牌调性以及商品特色的图片，第一时间吸引消费者的注意力。

第二屏进行农产品全方位的展示，主要以农产品的生长地域、种植过程、口感特点、挑选标准、营养优势等细节点来进行展示，可以展现自身商品优势，也可以对比展示。

第三屏可以展示品牌的影响力，如农产品种植基地的优势和规模，最后可以加上售后保障、物流的解决方案。这一部分如果做得好，既可以减轻客服的工作压力，也可以增加店铺的静默转化率。

## 四、产品分类清晰合理

一个好的首页装修实质上就是一个分类合理的目录，让买家能够仔细地阅读目录而对店铺产生兴趣，并且能够快速找到自己想要的东西。在分类展示中要对产品图片进行美化，如果能将产品的卖点展示在首页当中那是最好不过了。

## 五、安装分类导航

买家可以通过导航找到自己喜欢的分类版块。很多优秀的店铺，除了左侧的店铺导航，在店铺首页还安装了其他店铺的导航图，这是为什么呢？当买家通过上面的三屏都没进去的话，只能说他对这几款产品和店铺促销活动都不感兴趣，那么下面他就要选择自己喜欢的分类了，这时候由于安装分类导航，就能实现有效分流。

## 六、突出显示客服模块

好的店铺都有好的客服团队。店铺首页都有明显的客服模块，让买家可以随时随地联系到客服，帮忙解决他们的疑问，从而促使订单成交。

## 七、简单的页尾展示

一个好的页尾可以包括客服、分类导航、回到首页等链接，同时可以加上店铺对客户的一些承诺及店铺的一些服务理念等。

# 任务六　美化产品的包装

拍摄是网店非常重要的工作，因为照片是消费者了解产品最直观的途径。“拼颜值”这句话同样也适用于网店。如何将产品拍得非常漂亮，看上去吸引人，则需要一番精心准备和构思。因此，对农产品的拍摄是一项非常重要的工作。把产品放到网上供消费者挑选，听起来容易，实际操作起来却是困难重重。如何将农产品最美的一面展现给消费者？农产品的拍摄需要注意哪些问题？准确掌握一些拍摄技巧，往往可以让你的农产品看起来更加具有吸引力。

农产品的拍摄是一门学问。首先，拍摄时必须让农产品的形、质、色得以充分展现，诱人却不夸张。所谓“形”就是指农产品的整体形态以及外形特征；“质”则是指农产品的质量、质感，这是拍摄时要求最严格的地方；“色”则是指在色彩的处理上应该做到互相烘托，避免给人以繁、杂、乱之感。

## 一、拍摄的准备

要想拍摄好农产品，对拍摄器材的选择也要有一定的讲究。

第一，要有一部相机，至于是手机还是单反相机，要看你有多大的决心学好摄影了。通常来说，数码相机 400 万至 600 万像素足够满足我们的所有要求了，拍摄时选用大尺寸照片，这样方便后期修图。

第二，准备一个三脚架，因为手握相机很容易抖动，三脚架可以帮助你获得清晰的照片。

第三，光源的准备，要有闪光灯。通常来说，有光就有影，拍照一定要有充足的光线，闪光灯就是用来操控与改变光线的重要工具，所以拍照片的时候，需要左右各配置一个闪光灯。

第四，背景准备，小一点的农产品可以放在漂亮的花纸或格子布上，大一点的可以买专门的背景悬挂。

第五，需要准备的其他东西，如描图纸、胶带、亚克力板、珍珠板、自制黑卡、去渍油等。

事实上，将农产品拍摄出理想的效果并不困难，只要有好的构图并配上合理的布光和布景，随时注意景深地控制，就能将农产品拍好、拍美。特别需要强调的是，农产品拍摄既要将农产品的美展现得淋漓尽致，也要注意不能因追求意境而造成农产品失去本来的面貌，只有真实的才是最美的。

## 二、拍摄的要点

### （一）真实地展示

#### 1. 尽量真实展示农产品外观和细节

农产品的图片大多来自真实的田间地里或后期粗加工的场面，所以在拍摄上可能没有强烈的意境感，但图片要符合清晰、光线充足、画质好的要求。在光线充足的前提下，尽可能还原出真实的农村绿色面貌、原生态的风光，最大限度地展示出农产品天然、绿色、健康等特点即可。拍摄的工具既可以是专业的相机，也可以是拍照能力较强的手机，具体可参照之前相关章节。

拿真实发货的农产品进行拍摄，即使有一些瑕疵也没有关系，修图无须修得太严重。过于完美的农产品展示图反而会让消费者的心理预期过高，收到货后看到有瑕疵等问题而无法接受。描述与实物不符是导致售后问题较多、消费者满意度较差、店铺评分较低以及回购率较低的重要原因，长久下去会对店铺的生存和发展造成消极影响。

#### 2. 尽量真实展示园区生长环境及采摘、制作加工、包装发货等过程

农产品就是要体现出自然、健康、原生态的效果，让消费者看到后更有购买欲望。比如，将蜂蜜的采摘过程进行拍摄会令消费者更加认可农产品，如图 3-12 所示。

图 3-12 蜂蜜的采摘过程

## （二）场景式拍摄

### 1. 吃的动作和场景

设计不同的吃的动作，并让模特展示出食物的美味，塑造垂涎欲滴的特点，以此刺激消费者购买的冲动；设置不同的场景，如坐在家里沙发上吃的场景、公园野餐吃的场景、朋友聚餐吃的场景、妈妈喂小孩吃的场景等，让消费者在购买时更有场景的代入感，从而更快速促成购买行为。

### 2. 展示农产品细节

消费者最关心的还是农产品本身的品质。拍照要有美感，但更要关注细节。以农产品为例，拍摄单个农产品时，一般采用对角线构图的方法，还可以适当选择一些饰品进行搭配，以充分呈现出画面的美感。当需要进一步展示农产品的细节时，微距镜头非常重要。如果是用手机拍照，打开微距模式，这样在拍摄农产品细节时还可以营造一种浅景深的美感。

### 3. 花式吃法

很多农产品都有多种吃法，如芒果既可以做成各种点心吃，也可以直接切开吃，切法也有很多，都可以生动地拍摄出来，在页面上进行展示。

### 4. 拍摄单个农产品

拍摄单个农产品时，图片要尽可能简洁，一般采用素色背景。因为素色背景可以弱化背景的距离感，同时增大画面的景深，最大化突出需要展示的产品。特别对于一些需要着重突出颜色的产品来说，素色背景是最好的选择。如果选择深色背景，要特别注意避免和产品同一色系，以免产生违和感（图 3–13）。

图 3–13　拍摄单个农产品

### 5. 拍摄农产品细节

对于消费者来说，农产品的质量通常是其最关心的问题。因此，在对农产品进行拍摄时，拍摄者需要将农产品的一些细节清晰地呈现给消费者。一般情况下，由于标准变焦镜头的最近对焦距离太远，很难拍摄到所需要的农产品特写图，这个时候利用微距镜头就可以营造一种浅景深的美感（图 3–14）。

图 3–14　拍摄农产品细节

### 6. 拍摄多个农产品

拍摄多个农产品时，构图非常关键。因为过多的农产品摆放在一起常常会给人凌乱感，这就需要拍摄者进行排列组合，形成特定的形状，营造出和谐的整体感。通常，三角形、弧形、方形都是拍摄多个农产品时较好的选择。拍摄时还可以加入一些品牌元素，在彰显新意的同时也为自己做宣传，以加深消费者对品牌的印象。

### 7. 农产品创意拍摄

想要吸引消费者，网店照片一定要有新意，这样才能更好地激发消费者的想象力，刺激消费者的购买欲。还是以农产品为例，可以将农产品摆出一些特定的造型，比如三角形、弧形、方形。还可以借鉴拍摄时尚大片的元素，如手绘动漫、卡通形象类，拉近与消费者之间的距离。

很多农村电商为了吸引更多消费者，常常会通过创意拍摄来展示自己的产品，用富有想象力的图片激发消费者的购买欲（图 3-15）。

**图 3-15　农产品创意拍摄**

（1）时尚大片类

爱美之心，人人有之。怎样才能把农产品拍出时尚大片的感觉呢？方法其实很简单，要做到"一准备"，即准备好开拍前的一切道具，如摄影棚、产品、场地，甚至是准备好聘请的模特；"二灯光"，灯光很重要，光的强度不同、角度不同，拍出来的效果就会大相径庭；"三修饰"，要想照片有大片的感觉，后期的修饰是必不可少的。

（2）手绘动漫类

手绘动漫形象可以给人以朴实感，以此让消费者产生了解产品、认识产品的想法。

（3）卡通形象类

拟人的卡通形象能够博得大众的喜爱，尤其是对小朋友们而言。例如，肯德基将自身塑造成一个老爷爷的形象，以此拉近与消费者之间的距离。

**8. 农产品与水组合会更显新鲜**

鉴于生鲜产品的特殊性，农产品的新鲜程度也是影响消费者购买行为的一个重要因素。而将农产品和水结合在一起，往往能够更加突出农产品的新鲜。需要注意的是，拍摄前一定要将农产品洗干净，从视觉上给人水灵灵的感觉。拍摄时，拍摄者还可以将水和甘油按照 10 : 1 的比例混合后喷洒到农产品上，使其呈现出漂亮的水雾效果。同时，拍摄过程中要保持充足的光线（图 3-16）。

**图 3-16　农产品与水组合拍摄**

**9. 艺术性拍摄**

艺术性拍摄也常常被用于企业产品的宣传上，其较夸张的拍摄方式非常能够吸引消费者的眼球。在企业宣传海报以及一些产品展示会上，这样的图片往往会取得让人出乎意料的效果。建议农村电商经营者可以花时间接触一些时尚大片，然后模仿其拍摄风格和造型，做成适合自己产品的图片。

在电商全面爆发的今天，图片是最能直观地向消费者展现产品形态和质量的媒介。如何将产品最美的一面呈现给消费者，确实是非常值得电商经营者用心思考的一件事情。摄影也是一门艺术，技巧再多，但最终还是需要电商经营者去挖掘和尝试。世上无难事，只怕有心人。只要肯用心，相信大家都能将自己产品最美的一面呈现给广大消费者。

## 三、图片美化处理

图片美化处理就是让图片清晰直观，吸引消费者的眼球。主要作用有两点：一是增加产品被潜在顾客发现的概率；二是提高自己在同类产品卖家中的竞争力。建议熟悉以下图片处理的基本工具：Photoshop（平面设计）；Fireworks（网页图形图像制作）；Freehand（手绘图形设计）；Coreldraw（平面广告设计）；Neoimaging（光影魔术手，图片美化，照片后期处理）。

此外，还有类似美图秀秀、天天 P 图、美易照片、百度魔图等软件或产品，掌握基本的修图技能，保证能够对图片进行处理。通常来说，利用“光影魔术手”软件来调整图片的步骤是调整图片的大小、亮度及色彩饱和度、白平衡的功能和锐化提高精度。观察图 3-17，对比一下图片调整效果。

图 3-17　图片调整效果对比

图片是消费者了解产品的首要途径，非常值得仔细、用心研究，再加上摄影本身就是一门艺术，技巧和要点非常值得推广，但最终都是需要想做网店、经营电商的人用心去尝试和挖掘。还是用农产品来举例，谁都想拍摄出来的水果具有文艺、清新、时尚的感觉，有许多小技巧会让你灵光一现，如对水果本身的处理，大部分水果涂上油，然后用干布打磨，会使水果质感更加诱人；用碱水泡洗蔬菜可使其更显鲜绿；拍摄的视角不同效果也不同。方法虽然很多，但真正在实践中探索和找到自己适用的方法还需要下一番功夫。

## 四、农产品包装

在互联网时代，对于农产品而言，包装的重要性毋庸置疑。农产品的包装既要注意经济实用又要注意美观，其实用性主要表现在有效控制成本的基础上保障包装的方便和清洁。而由于农产品本身的特殊性，在运输过程中需要特别注意。因此，农产品的包装要特别注意防挤压，对于以中药材为代表的特殊性农产品，最好能够在包装上附以详细的说明。此外，作为食用农产品，包装材质的安全性也是非常需要注意的，最好采用一些可以反复利用的高科技清洁包装。

农产品按包装规格可分为 3 类：一是保存时间较短、易损坏、易撞伤、易腐烂的产品，如樱桃、荔枝、桃子、芒果、草莓等不耐储存的水果；二是保存时间较长、不易腐烂的产品，如橙子、苹果等耐储存的水果；三是保存时间较短且需一定储存条件的产品，如海鲜类、手工制品类。每一种农产品在包装上都要进行具体分析，通过多次测试，找出最合适的包装方式。

### （一）农产品包装的注意事项

农产品的包装还需注意以下几点。

**1. 耐摔性**

注意防震，减少摩擦。例如，用网套单独隔开各个产品，再用泡沫箱包装，尽可能地降低因快递人员暴力分拣给农产品带来的损伤。比如，将草莓用防震网套保护起来，防止晃动。此类包装组合自由度高，可以是“纸盒 + 网套”“泡沫箱 + 网套”，方便快递运输。

**2. 透气性**

大部分农产品需要透气，空气不流通很容易造成农产品腐烂，所以需要在包装设计上注意透气性，让农产品可以正常呼吸。如葡萄的充气包装，除了蓬起来的外包装，还应在袋子上打 4~8 个孔。“密农人家”的番茄包装如图 3-18 所示，采用食品托盘覆上保鲜膜，再放入气柱垫内，不仅保鲜还避免磕碰。

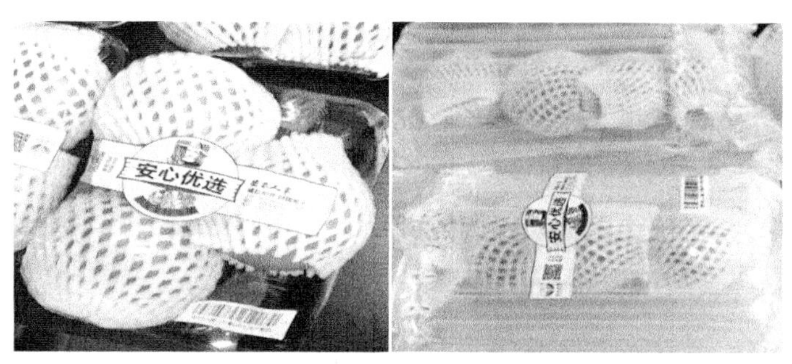


图 3-18 “密农人家”的番茄包装

### 3. 美观度

俗话说，“人靠衣装马靠鞍”，包装是一门学问，漂亮的包装可以增加消费者对农产品的好感，农产品一拿到手，让消费者能有一种惊喜和期待。有人曾做过实验，美观、大方、得体的包装会明显促进产品的销量。除了实用，无论是设计、材质和形式，都需要电商经营者认真仔细考虑。

### 4. 冰袋保鲜

有些农产品是需要冷冻、冷藏储存的，这就需要加入冰袋，让其更好地保鲜。

### 5. 整体包装后的重量

涉及快递费用问题时，在整体包装设计上还需考虑快递的收费情况。现在很多快递公司都推出了 5 斤装或者 10 斤装以内固定的全国通票费用，那么，农产品最好在产品规格和包装整体重量上符合快递公司的标准，以节省快递费用。现在许多快递公司都推出了 App，商家可以直接从手机在线下单。

### 6. 测试

农村电商经营者可以选择多种方式的包装进行测试，寄到不同城市，并根据收到的情况选出一种最合适的包装方式。

在如今的电商市场中，农产品的包装设计会对农产品的销量与品牌建设产生重要的影响。我国农产品的包装普遍存在混乱、低档、形象设计陈旧等问题，但这恰恰给农村电商提供了巨大的机遇与发展空间。

### （二）农产品包装的设计要点

通过案例来说明农产品包装的设计要点。

**案例一：褚橙的包装设计**

褚橙是褚时健先生创立的橙子品牌，从 2012 年上线开始一直不断创新，由于褚先生的励志传奇经历，该产品被人们誉为“励志橙”。褚橙除了精选一批优秀青年励志代表作为传承人，更是把包装作为核心的营销素材，有各种励志标语，并且还能定制包装，2016 年全新包装还获得了德国红点设计大奖，每盒包装箱上都印有一个戴草帽的褚先生头像商标，用了简单的双色设计，色彩清新怡人，4 箱 5 千克装的包装箱组合起来是个橙子形状。包装箱做成了浮雕样式，运输中能够保护产品，两侧还有贴心的防割手手扣，箱外有封条。橙子本身也有防伪标识，保证消费者买到的是正宗褚橙。

**案例二：“三只松鼠”的包装设计**

线上坚果品牌“三只松鼠”就将包装设计的细节做到极致。它的品牌 Logo 是 3 只松鼠的卡通形象，非常亲民可爱，包装外箱是印有自己品牌的松鼠头像包装箱，它还有个可爱的名字——鼠小箱。还有一个塑料开箱器，叫“鼠小器”，贴附在外箱的角上，用来戳开箱子外面的透明胶，避免收到快递时开箱的不便和尴尬，这些细节在外包装箱设计上做得淋漓尽致。包装内附口袋夹、开壳工具，还有系列辅助品、赠品、试吃装、湿巾、垃圾袋等，让消费者在心理上感觉既温暖又有爱。这种包装设计将消费者体验放在第一位，品牌自然受到大众喜爱。

做好一款农产品包装设计，有以下几点需要注意。

**1. 亮眼**

令人眼前一亮的农产品包装是众多客户一致的需求。农产品包装设计一定要在技术水平允许的前提下，为产品创建出形象、完备、健康的造型设计，进而激发客户的消费冲动，给客户生活带来美好，培育客户健康、高雅的审美观念。

### 2. 合理性

农产品包装设计必须思考包装的功用，实现产品保障、供应轻便与促进销量的目标，适宜人们平常加工和生活的需求，并适应人们健康的审美标准与习俗喜好。

### 3. 高性价比

农产品包装设计一定要具有当今先进的工业加工水准，通过最少的资金、物资、人力与时间来取得最高性价比。农村电商可以在节省成本的情况下尽量提升农产品包装的实用性、美观性与运输的方便性，在外观上提升农产品的形象以赢得更多消费者的青睐，从而获得更多的市场份额。

在互联网时代，随着人民日益增长的消费需求，视觉营销也在发挥越来越大的作用。除了实用，怎样提高农产品包装的美感也成为农村电商企业需要学习的非常重要的一门课程。因此，关于农产品的包装，无论是设计、材质，农村电商经营者都应该有所重视。外观上需要有品牌设计感，在很好地展示品牌形象的同时，还需要展示产品的相关信息，如电话号码、生产地址、微信二维码等有效的联系方式。

## 思考与练习

1. 简述如何对图片进行美化。

2. 简述农产品包装的设计要点。

3. 试想自己是一名设计人员，如何对你熟悉的农产品进行外包装设计？

4. 简述如何挖掘产品的卖点。

## 学习总结

1. 你在本项目中学到什么？

2. 你在团队共同学习的过程中，曾扮演过什么角色，对组长分配的任务完成得怎么样？

3. 对自己的学习结果满意吗？如果不满意，还需要从哪几个方面努力？对接下来学习有何打算？

4. 学习过程中经验的记录与交流（组内）有哪些？

5. 你觉得这个课程哪里最有趣，哪里最无聊？

# 项目四　农村电商经营的技巧

【知识目标】

1. 明确微营销的主要内容。
2. 掌握微营销的种类。
3. 掌握微信朋友圈营销重点。
4. 掌握微信公众号的运营策略。

# 任务一　解读微营销

随着移动互联网时代的到来，营销传播进入崭新的“微营销”时代。微信、微博、微电影的兴起，让移动互联网掀起了一股商业浪潮，并促使电商业由传统电商转向移动电商。移动互联网时代下的微营销变得十分火热，如何利用好各类微平台做好微营销，值得农村电商经营者们认真探讨。

## 一、微营销概述

21 世纪是一个网络营销世纪，在充满各种资源的网络世界里，各大商家展开了营销。随着移动互联网崛起与智能手机出现，国内外营销市场掀起了层层巨浪，在这巨浪中，企业营销手段与模式开始发生变革，人们逐步迎来了微营销时代。

微营销是以移动互联网为主要沟通平台，配合传统网络媒体和大众媒体，通过有策略、可管理、持续性线上线下沟通，建立、转化以及强化客户关系，实现客户价值的一系列过程。有专家提出，从操作理念上，微营销更强调“潜移默化”、“细致入微”和“精妙设计”。

微营销是一种低成本、高性价比的现代营销方式。与传统营销方式相比，微营销主张通过“虚拟”与“现实”互动，建立一个涉及研发、产品、渠道、市场、品牌传播、促销、客户关系等更“轻”、更高效的营销全链条。

微营销主张“虚拟”与“现实”互动。

在如今这个以市场需求为主导的经济时代，消费者的需求呈现出精细化和多样化的特征，促使细分市场日渐成熟；与此同时，在互联网技术快速进步和应用的刺激下，整体市场的发展节奏在不断加快。在这种情况下，企业需要建立一套灵活的管理思维与管理体系，不断优化内部结构和相关服务，轻装上阵，以自如的姿态应对不可预知的市场变化。

随着互联网经济的快速发展，以网络为传播平台的营销行业迅速壮大，其整体服务水平也呈现出阶梯式增长，并诞生了以移动网络技术为基础的精准营销方式——微营销。

微营销实际就是一个移动网络微系统，它主要以微博、微视频、微信与企业微商城这几类工具为主导。微营销通过各类工具将线上线下的营销整合起来，从线下引流到线上完成支付，从线上引流到线下实体店面浏览商品，通过这样的方式，为用户带来全新的“微体验”。

## 二、微营销的核心与基本模式

微营销的核心是客户关系管理，通过客户关系管理，实现路人变客户、客户变伙伴。微营销的基本模式是发展新客户、转化老客户与建立客户联盟，对于农村电商来说，其可以根据自身的客户资源情况，使用以上 3 种模式中的一种或多种进行微营销。微营销的 9 种标准动作是吸引过客、归集访客、激活潜客、筛选试客、转化现客、培养忠客、挖掘大客、升级友客、结盟换客。掌握了这 9 种标准动作，便更容易在移动互联网营销时代获得成功。

## 三、微营销的特点

随着移动互联网的发展与普及，微博、微信等移动社交网络的创新与完善，微营销开始凭借微介质（微博、微信等移动社交网络），向大众传播微内容（一句话、一张图片）。与传统媒体发布广告的营销渠道相比较，微营销有其自身的特点，如图 4–1 所示。

| | |
|---|---|
| 高效便捷 | 以新浪微博为例，微营销的特点是“短、灵、快”，凭借这些特点，新浪微博能够在任何时间、任何地点满足用户获取碎片化快捷信息的需求。 |
| 高性价比 | 与传统媒体昂贵的营销费用相比，微营销提供了一个低成本的交流平台，而且更加人性化，充满人情味。微营销能更好连接农村电商企业和微受众，凭借较低的营销费用达到良好的营销效果。 |
| 高互动性 | 互动是微营销最突出的特点。微传播、微营销更多是通过渗透式互动连接人与人、品牌与受众的关系。通过这种互动性极强的交流方式，建立起一种具有极强黏性的客户关系。 |
| 高传播力 | 新浪微博传播范围广泛，受众面大，对品牌有较大的曝光量。可以将新浪微博看作品牌的广播台。微信则为品牌开通了“电话式”服务，它的互动传播能力超过了新浪微博。 |

图 4–1　微营销的特点

## 四、微营销的主要优势

微营销具有传统网络媒体营销的大部分优势，比如传播内容具有多媒体特性、传播不受时空限制、传播信息可沉淀带来长尾效应等。但在这里重点讲解的是社交媒体微营销与普通网络媒体营销的对比优势。

### （一）精准定位目标用户

社交媒体数据不只是用户基础信息，人们能通过对用户发布与分享的内容进行分析，有效地判断出用户的喜好、消费习惯及购买能力等信息。

此外，随着移动互联网的发展，用户使用移动终端的比例越来越高，移动互联网基于地理位置的特性也将给营销带来极大的变革。通过对目标用户的精准定位（主要指地理定位），在社交媒体网络投放广告的微营销自然比传统网络媒体广告营销能收到更好的效果。

### （二）拉近与用户的距离

互动性强是网络媒体相较传统媒体的一个明显优势，直到社交媒体崛起，我们才真正体验到互动带来的巨大影响力。

社交网络的出现使企业拥有了官方平台，在这些平台上进行营销活动，企业与顾客都是用户，先天的平等性和社交网络的沟通便利性使得企业和顾客能更好互动，企业可以打造良好的品牌形象。

### （三）了解品牌舆情与进行市场调查

微营销利用社交媒体的大数据特性，可以帮助企业以较低的成本了解品牌舆情与进行市场调查。

随着社交网络的普及，社交网络的大数据特性得到了很好的体现，如果企业能做好社交网络的数据分析与处理，也能从中获得很大的好处。

首先，通过社交媒体进行微营销，企业可以以低成本了解品牌舆情。在社交网络出现以前，企业想了解品牌舆情的难度是很大的。而如今，社交媒体在企业危机公关时发挥的作用已经得到了广泛认可，负面消息都是从小范围开始扩散的，企业能随时了解品牌舆论，就可以有效地降低负面消息扩散的可能性。

其次，通过对社交平台大量数据进行分析，或者进行市场调查，企业能有效地挖掘出用户的需求，为产品设计开发提供很好的市场依据。比如，一个农产品供应商，发现在社交网站上有大量的用户寻找高端农产品的信息，就可以加大这方面的开发。在社交网络出现以前，企业想要收集到大量的用户要求信息几乎是不可能实现的，而如今，只要在社交平台简单做一个活动，就会收到海量的用户反馈信息。

最后，社交媒体微营销让企业获得了低成本营销的力量。通过社交网络，企业可以以很低的成本组织起一个庞大的粉丝宣传团队，而这些粉丝则能为企业带来巨大的营销价值。

# 任务二　微营销的种类

## 一、微博营销

微博是一个小世界，却能够创造出大的营销效果。微博营销最大的好处是代价小，营销效果快速能见。在微营销的21世纪，如何变“微”为“著”，需要电商企业掌握微博营销的技巧，通过借鉴著名的微博营销方案，得到“微”启发。

### （一）认识微博营销

微博进入人们视线的时间并不长，其营销效果却是惊人的。在移动互联网快速发展的时代，微博凭借庞大的用户量以及操作的便利性，逐步发展成为农村电商企业营销的平台，创造了巨大的收益。网络营销发展迅速，微博营销作为网络微营销的中流砥柱，具有非常高的人气。微博是各大商家营销推广的重要平台。

微博营销是指通过微博平台为商家、个人等创造价值的一种营销方式，也是指商家或个人通过微博平台发现并满足用户各类需求的商业行为。微博是微博客的简称，它是一个基于用户关系的信息分享及获取平台。在这个平台，用户可以通过网页及各种其他的客户端组建个人社区，以简短的文字更新信息，并进行及时分享。

现在，国内有4大微博平台，分别是新浪、腾讯、网易和搜狐。其中，用户基数最多、流量占比最大的是新浪微博，新浪微博凭借强大的用户量，成为微营销的极佳选择。新浪微博是新浪网于2009年8月推出的微博服务类网站，在新浪微博的测试版推出后，其便以极快的速度进入上网人群的视野。

微博相对于强调版面布置的博客来说，内容由简单的语言组成，对用户的技术要求门槛很低，在语言组织编辑的要求上也没有博客高。在微博平台，用户只需要用很短的文字就能发布信息。这样便捷、快速的信息分享方式使大多数企业与商家开始使用微博这一平台，利用微博营销开启网络营销市场的新天地。

在微博营销平台上，每一个用户（粉丝）都是潜在的营销对象，农村电商不仅可以利用微博更新消息向用户传播产品信息，以此树立良好的产品形象，还可以通过每天更新消息内容与用户进行交流互动，并且通过发布用户感兴趣的话题吸引用户，从而达到营销的目的。

微博营销注重价值传递、内容互动、系统布局与准确定位，微博的火热发展也使其营销效果尤为显著。微博营销涉及的范围包括认证、有效粉丝、话题、开放平台、整体运营等。2012 年 12 月，新浪微博推出服务商平台，为企业在微博上进行营销提供更多帮助。

### （二）微博营销的特点

微博原来是一个单纯的社交和信息分享平台。在网络营销时代，微博凭借巨大的商业价值属性成为企业，特别是农村电商重要的网络营销推广工具。微博营销的特点主要体现在以下几个方面。

#### 1. 操作简单

微博营销的操作十分简单，企业只需要在新浪、腾讯等微博平台申请一个账号，再在微博平台上发布 140 字以内的内容，就能立刻开启微博营销之旅。微博信息发布非常便捷，既不需要“长篇大论”，也不需要重重审核程序，企业只要合理合法合规发布信息，相关内容就能立即出现在微博用户眼前。

#### 2. 立体化

微博营销可以借助多种多媒体技术手段，以文字、图片、视频等展现形式对产品进行描述，从而使潜在的用户更形象直接地接受企业产品或服务信息。

#### 3. 高速度

微博营销最显著的特点就是传播速度快。一条热度高的微博在互联网平台上发出后，短时间内就可以抵达微博世界的每一个角落。

#### 4. 低成本

微博账号申请是免费的，维护也是免费的，其运营成本十分低廉，企业不需要投入太大的人力与物力，就能完成账号的申请，完善微博运营维护。

5. 互动性强

与传统的博客相比，微博的互动性更强。在微博平台，企业可以与用户进行即时互动沟通，获取用户的反馈，并根据用户反馈的信息，快速调整与完善服务。

6. 见效快

微博营销是一种见效快的新型网络营销模式，可以让企业在短期内获得较大的收益。微博有多种内容表现形式，能够方便企业实行更多的微营销手段，而动态栏目的即时更新与互动功能也能让企业与用户有更多的接触。

### （三）微博营销操作技巧

农村电商微博营销者首先要改变观念，明白微博是一个“给予”平台。很多用户有每天浏览微博的习惯，不过，只有那些能给浏览者创造价值的微博才容易引起注意，产生营销价值，最终达到商业目的。对于农村电商来说，只有认清了微博的“给予”意义，并通过技巧让用户关注、分享微博，才可能使农村电商从微博中受益。

微博作为一个微营销平台，正在不断发展和完善。对于企业来说，想要利用微博做好微营销，必须掌握以下微博营销操作技巧。

1. 取得粉丝的信任

微博营销是一种基于信任的用户自主传播营销手段。企业发布微博营销信息时，只有取得用户的信任，用户才可能帮企业转发、评论信息，使信息产生较大的传播效果与营销效果。

获得信任最重要的方法就是保持与用户之间的互动，让用户感受到企业的真诚与热情。企业要经常转发、评论用户的信息，在用户遇到问题时，还要及时地帮助其解决问题。可以说，只有凡事都站在用户的角度来考虑问题，才能与用户结成比较紧密的关系，如此一来，在企业发布营销信息时，用户也会积极帮企业转发。

2. 掌握发布广告的技巧

企业在发布广告信息时，措辞上不要太直接，要尽可能把广告信息巧妙地嵌入有价值的内容。如果企业的微博广告能够为用户提供有价值的东西，就会提高广告转发率，使营销效果变得更好。一些生活小技巧、免费资源的提供，以及趣味故事都可成为植入广告的内容，为用户提供一定的价值，为企业创收。

#### 3. 通过活动做好微博营销

抽奖活动或者促销活动，都能吸引用户关注，为企业带来比较不错的营销效果。企业的抽奖活动可以规定，只要用户按照一定的格式对营销信息进行转发和评论，就有中奖的机会。如果是促销活动，就一定要有足够大的折扣优惠，这样才能够引发用户积极转发。

促销信息的文字要有一定的导向性，并且要配合精美的宣传图片。此外，企业与商家如果能够请到拥有大量粉丝的人气博主帮自己转发微博消息，就能够使活动更好发挥营销效果。

企业可以通过促销活动在短时间里获得了不少关注及转发，但企业不要频繁地采取送奖品的方式，因为这样并不利于培养用户忠诚度。促销活动是一种营销手段，但绝对不是主要的手段。无论是哪种营销，内容才是“王道”，企业只有设计出能够真正吸引用户驻足的内容，才能与用户建立长久的联系。

## 二、微信营销

### （一）认识微信营销

2011 年 1 月 21 日，腾讯公司推出一款为智能手机提供即时通信服务的免费应用程序，名为“微信”。微信以人们无法想象的速度快速变化着，其庞大的用户量与强大的应用功能，为企业创造了无限的微营销机会。

### （二）微信营销的特点

微信营销是网络经济时代企业对传统营销模式的创新，是伴随微信的广泛应用产生的一种网络营销模式。微信用户之间交流不存在距离的限制，用户注册微信后，可与周围同样注册的“朋友”形成一种联系。此外，在微信平台，用户订阅自己所需的信息，商家则通过提供用户需要的信息，推广自己的产品以实现点对点营销。微信营销的特点主要体现在以下几个方面。

#### 1. 点对点精准化营销

微信拥有庞大的用户群，借助移动终端、天然的社交网络和定位等优势，企业可以更加便捷地推送各种营销信息，让每个用户都有机会接收到这些信息，继而促使点对点精准化营销的实现。

#### 2. 工具多样便捷营销

在微信平台有二维码、公众号等工具，能够为企业提供多种方式的便捷营销。

#### 3. 关系强化机遇营销

微信营销的点对点营销形态注定了其能够通过互动的形式将普通关系发展成强关系，从而产生更大的营销价值。互动就是聊天，可以解答疑惑、可以讲故事，甚至还可以“卖萌”，企业可以用一切互动形式与用户形成朋友关系，让用户产生信任感，在此基础上与用户形成强关系，从而制造更多的营销机会。

#### 4. 成本低廉优势营销

从企业成本来说，企业利用微信做推广，成本相对较低。对于企业来说，无论是通过小程序来吸引用户的关注，还是利用朋友圈传播产品与服务信息，都不需要耗费太大的人力与物力。

### （三）微信营销的优势

在移动互联网迅猛发展的今天，微信营销让不少的企业和个人尝到甜头，发展前景也非常值得期待，那么相对于传统的互联网营销，微信营销又有着哪些优势呢?

#### 1. 用户基数庞大

资料显示，在微信投入使用后的一年多时间内，微信的用户数量就达到了两亿人，微信已经成为最火的互联网通信工具，而且有理由相信，微信的用户量并不仅限于两亿这个数量，发展空间仍然很广阔。

#### 2. 受众覆盖面广

随着智能手机的普及，微信已经走向大众化，用户覆盖面也随之扩大。

#### 3. 移动端优势显著

相对于 PC 端而言，智能手机携带更方便，因此，微信借助移动终端、天然的社交网络和定位等优势，会给商家的营销带来很大的方便。

#### 4. 信息交流互动性强

虽然前些年火热的微博营销也有和用户互动，但是并不及时，而微信就不一样了，微信具有很强的互动及时性，无论在哪里，只要带着手机，就能够很轻松地同未来客户进行很好的互动。

#### 5. 获取真实客户群可能性大

微博并不能够带来大量真实客户，但微信的用户大多是真实的、私密的、有价值的。

鉴于微信营销的重要性，特在本项目任务三、四中详细介绍。

## 三、腾讯 QQ 营销

腾讯 QQ（简称 QQ）平台聚集着大量人群，能为商家带来大量流量，是营销者不能忽视的微营销“宝地”。商家如果能够运用一定的技巧，好好利用 QQ 这个平台，一定能够取得不错的营销效果。

### （一）认识 QQ 营销

QQ 是腾讯公司开发的一款即时通信软件，其标志是一只戴着红色围巾的小企鹅。QQ 支持在线文字聊天、视频聊天以及语音聊天、共享文件、自定义面板、远程控制、QQ 邮箱等多种功能。

QQ 既是腾讯公司的代表之作，也是我国广泛使用的通信软件，它凭借自身强大的功能以及庞大的用户群体，为企业与个人开辟出了一块营销天地。

### （二）QQ 营销的特点

**1. 覆盖范围广**

作为我国大型即时通信软件，QQ 已经成为网民的必备工具之一，用户几乎覆盖全国。从营销推广的角度说，对于用户覆盖率如此大、用户如此集中的平台，企业必须好好研究并加以利用。

**2. 针对性强**

QQ 不仅是一对一的交流工具，它的 QQ 群功能还可以进行一对多沟通。无论是一对一还是一对多，企业都能通过用户的细分，进行更加精准的推广。由于 QQ 群都是有一定主题的，因此可以帮助企业实现精准营销。例如，商家想要招募人员参加摄影活动，就可以针对摄影这个主题，在摄影爱好群进行推广。

**3. 花费成本低**

如果企业想把 QQ 营销做得更好，最好是加入 QQ 会员，因为 QQ 会员能排在普通在线用户之前，这对于提高企业的曝光率非常有好处。当然，企业也可以不购买会员，这样除了电脑、上网费、电费、人工成本，就不再需要其他耗费了，营销成本可谓十分低。

#### 4. 操作简单

QQ 相比其他专业的推广工具来说，操作十分简单，很多上网的新手都是从 QQ 开始认识网络的。使用 QQ 既不需要商家会编程，也不需要过多的设置，只要会寻找好友、添加好友、打字聊天，就能进行 QQ 营销。

#### 5. 持续性强

由于 QQ 营销第一步是与用户建立好友关系，企业可以针对用户进行长期、持续性的培育，这个优势，是其他营销方式所不具备的。比如网络广告，企业根本不可能知道具体是谁看了广告、性别是男是女，以及看完后有何感受。而在 QQ 上，企业可以知道用户是谁，还可以在第一时间获得反馈。

商家在与用户建立良好关系之后，做营销也会变得得心应手，特别是当商家在 QQ 群中发挥出色，成为群管理员时，就能让营销活动变得更加简单。

#### 6. 效率极高

由于 QQ 营销具有精准性与持续性，它最终的转化率要高于一般网络营销，为企业节省了大量的时间与精力，提高了工作的效率。

## 四、二维码微营销

随着移动互联网的发展，智能手机的普及以及 App 的流行，二维码成为被广泛使用的新工具，特别是结合 O2O 概念，二维码逐渐成为电商平台连接线上及线下的新路径。

### （一）认识二维码微营销

现如今，无论是移动互联网创业者，还是老牌互联网公司，都在谈论二维码这块应用市场。在移动互联网微营销的时代，用户通过扫描二维码进行手机上网、购物、打印优惠券、会议签到等，可以说，二维码是 O2O 微营销模式很好的切入点。

二维码是使用若干个与二进制相对应的几何图形来表示文字数值信息。二维码生成之后，要用专门的解码器解码，解码一般分为硬解码和软解码。硬解码是探头抓取图形之后用软件直接解码，软解码是抓取图形之后传送到二维码库里去对比解码。

## （二）二维码微营销策略

随着智能手机的普及，二维码作为一个新颖的营销工具，也越来越受商家们的追捧。对于营销经费捉襟见肘的中小企业而言，二维码营销无疑是雪中送炭，一个免费的二维码就能引导用户访问企业信息，在提升企业品牌关注度的同时，还带动了市场销售。二维码不仅可为品牌进行线上线下互动营销，同时还能为检测线上媒体投放效果开辟新的道路，因此，对于想要进行微营销的企业来说，掌握二维码微营销策略至关重要。二维码微营销策略如下。

### 1. 说明二维码的内容

在浏览淘宝网店和购物论坛时，很少在网页上看到只放一个 URL 链接，却不说明链接内容的情况。

其实，二维码与 URL 的推广方式一样，就是要告诉用户里面有什么。在用户不知道二维码内容的情况下，企业很难取得较好的二维码微营销效果。所以，企业应该在二维码旁边说明其具体内容，如扫码可领优惠券。

### 2. 提高二维码扫描率

在现实的营销活动中，很多企业在做了二维码之后，就铺天盖地把同一个二维码放到所有可以投放的地方，如店头、平面广告、名片等。这样做，除了会有内容不适合的问题，还会导致用户根本扫不到这个二维码。

对于企业来说，想要做好二维码微营销，就必须选好二维码投放平台，以提高二维码的扫描率。选择一个好的投放平台的营销效果会比企业随便选择多个普通平台的效果要好得多，因此，企业要抓住用户所关注的平台，选择合适的位置与合适的时间进行投放。

在移动互联网快速发展的时代，用户对手机的关注会比对其他事物的关注高，因此，相比将二维码投放到许多户外平台，企业不如选择投放电子二维码，将二维码信息直接发送到用户的手机中。

### 3. 增强用户的体验度

很多企业都知道要在自己的产品、宣传广告上加入二维码，其实，如何设计出真正有效的互动活动才是重点。如果企业要应用二维码，就应该利用二维码去引发用户互动，增强用户的体验度，并且强化用户购买这个产品的意愿。企业可以利用各种二维码活动，满足用户的消费体验，达到提高产品成交转化率的最终目的。

### 4. 利用数据精准营销

成效高的二维码营销者懂得借助智能手机的个性化与数据化特征，为精准营销提供更广阔空间。在移动互联网时代，借助智能手机，利用二维码可以为企业选择最优媒体、最优广告位、最优投放时段提供参考。

可以在不同地区设置不同的二维码，企业和商家由此判断不同地区的市场状况。对企业而言，在潜在用户区域投放二维码，不仅能够随时与用户进行互动，让平台不再是障碍，还能让营销更容易、成本更低、范围更广。

# 任务三　微信朋友圈的营销

## 一、微信朋友圈营销要点

微信朋友圈营销是微信营销中非常重要的部分，其营销的对象是微信好友，因此，在进行营销前需要先发展并获得足够的好友。添加微信好友的方法很多，既可以通过手机通信录、扫描二维码、微信发现、社群或其他社交平台中留下的用户信息进行添加；也可以通过口碑与软文营销赢得粉丝，让用户主动添加好友。

获得好友后还要进行维护，经常与好友进行互动，可以加深好友对你的印象，但注意保持礼貌和频率适当，不要发布虚假广告和无意义的信息。同时要保护微信好友的个人信息，不要私自将其泄露给他人；好友有问题需要咨询或讨论时，微信营销者要提前组织好语言，做好准备；需要发送语音之前，提前询问对方是否方便；沟通结束后表达谢意。节日问候、话题讨论等都是比较常用的互动方式。

有了良好的关系后再开展微信朋友圈营销，就可以快速获得好友的支持，使他们主动配合营销，并扩大营销的效果。但前提是营销的内容要有价值，不能生硬冗长、毫无意义。微信朋友圈营销要点如下。

### （一）适度打软广告

软广告是一种委婉、真实、润物无声的广告，可对产品故事、人物生活等进行包装。例如，某微信号在朋友圈发布文字“看到这张水果的图片，你想对我说什么？”然后搭配一张能引起话题的产品图片，这就属于打软广告。发布软广告要注意三个点，即频率适度、长度适度、数量适度。频率适度是指不要在短时间内频繁发布广告；长度适度是指广告内容不宜过长，要尽量在简短的内容中保证文字轻松有趣；数量适度是指不要在一条广告中添加太多产品信息，否则，不仅需要花费用户更多精力阅读，不方便用户快速做出购买决策，还容易使他们因为选项太多而放弃决策。

### （二）朋友圈故事分享

对于朋友圈广告而言，“对症下药”非常重要，将广告推给合适的人更有利于产品宣传。这里的“对症下药”主要表现在两个方面：一是根据客户的风格类型“对症下药”；二是根据与客户的关系“对症下药”。前者主要表现为根据客户的类型进行推广，如某一条关于农产品的广告比较幽默诙谐，包含了很多网络现象和词汇，可以推广给指定分组的年轻人群进行查看。后者主要表现为根据与客户关系的深浅程度进行推广，如对刚结识不久的客户，可以推广一些客单价不高的农产品；对有了信任基础或交易记录的客户，可以进一步推广客单价更高的农产品等。此外，为了保证推广效果，可以分析一下目标客户在朋友圈的活跃时间，在其查看朋友圈的高峰期进行推广。

### （三）消除顾虑，达到目标

农产品电商想要更快达到营销目标，还需要消除客户的顾虑。关于这一点，主要包括以下五个方面的内容。

**1. 是否有用**

是否有用是客户购买产品或服务时首先要考虑的问题，也是最重要和基础的问题。只有在解决了这一问题的情况下，客户才有可能考虑购买该产品或服务，而农产品电商可以针对这一问题进行特定的回答设置，以有利于客户在线上进行了解。

**2. 退款承诺**

在微信朋友圈营销中，客户在没看到实物之前是不可能完全消除对产品或服务的顾虑的，而要促使客户消除这一顾虑购买该产品，可以通过退款承诺来实现。

**3. 账户安全**

随着电商的进一步发展和普及，账户安全成为人们比较关注的话题。在微信朋友圈营销中，如果农产品电商能够提供足够的措施来保证客户的账户安全，那么其在线业务量将得到进一步的增长。

**4. 支付简化**

支付简化是人们选择线上购物这一购物方式的重要因素，因此，农产品电商也应利用好微信朋友圈营销工具，让客户获得简单便捷的支付体验。

**5. 网速问题**

网速问题，归根结底，就是与用户体验相关的问题。保证网络的畅通既是微信朋友圈营销的硬件基础，也是消除客户顾虑和提升销售额的必要策略。

## （四）维护心理，从众效应

在微信朋友圈营销中，应该利用好从众效应，提高农产品电商的销售额。

但将从众效应应用于微信朋友圈营销，有一些需要注意的内容，具体如图 4–2 所示。

| 应用前提 | 应用途径 | 应用要求 | 应用方式 |
| --- | --- | --- | --- |
| 购买必须建立在一定的产品或服务基础上，因此，从众效应应用是以产品或服务的质量为前提的 | 在微信朋友圈营销中，权威列举和产品代言是实现从众效应的主要途径 | 在营销过程中，经营者一般倾向于对某些方面做一些宣传广告，这是允许的。但在进行具体的宣传时，不应该进行夸大，而是应该实事求是呈现产品或服务 | 在商品营销过程中可以应用从众效应，但从众效应并不是在所有情况下都适用的，还应该注意个性化和适度的问题 |

**图 4–2　需要注意的内容**

## （五）自信坚持，最是关键

自信与坚持是实现营销目标的两种重要心态。只有农产品电商保持足够的自信，才能取信于客户；只有在营销过程中一直坚持下去，才能获取最终的营销成果。关于营销过程中自信与坚持的分析，具体内容如下。

**1. 自信**

自信是营销过程中一种重要的精神力量，只有充满自信的销售人员才能在与客户的互动过程中影响客户的选择。

#### 2. 坚持

“坚持就是胜利”对微信朋友圈营销而言，并不只是说说而已，它有助于销售人员在营销过程中获取胜利。关于坚持，有两个方面值得注意。

（1）方向的正确性。只有保证在坚持的过程中方向的正确性，才不会出现南辕北辙的情况，才能实现营销目标。在微信朋友圈营销中，方向的正确性具体可表现在对市场形势的判断和营销技巧、方式的正确选择上。

（2）心态与行动的持续性。在营销过程中，必须在心态上保持不懈怠、行动上保持持续性，才能获得成功。在微信朋友圈营销也是如此，需要农产品电商坚持不懈地经营才能有所斩获。

### （六）稳固关系，稳定客户

在微信朋友圈营销中，维护好与客户之间的关系是营销得以持续和发展的关键。稳固好客户关系应从以下三个方面着手。

#### 1. 粉丝经济

粉丝经济是一种通过吸引客户注意力来实现营销的经济模式，粉丝是开展营销活动的重要基础和前提。

#### 2. 客户拓展

客户拓展既是稳固和发展商家与客户关系的重要要求，也是粉丝经济发展与粉丝影响力扩大化的表现。

#### 3. 模式创新

可以通过不时创新营销模式为客户提供方便的服务，更好地维护客户关系。

## 二、微信朋友圈形象打造

个人号的形象打造通常包括微信昵称、头像、个性签名、朋友圈封面等要素。农村电商做好以下几个方面，除了能让别人快速地记住，还能让人更容易产生信任。

#### 1. 微信昵称

一个好的昵称不仅方便传播，还可以提高知名度。好的昵称，就是要让别人一看到，就能知道是做什么的。通常在创建昵称的时候要遵循简单、真实、好记的原则。取名切忌生僻字、非主流，也不要经常改名，否则之前积累的知名度就会有所损失。

微信昵称的创建需要注意：一是昵称与职业相匹配；二是建议使用自己的名字，不添加任何修饰。

微信昵称可以和所售农产品相结合。农产品电商进行朋友圈产品信息推送的时间可能不是购买者产生实际需求的时间，若农产品电商微信昵称难以记忆，当购买者有实际购买需求时就可能很难准确找到农产品电商。如果农产品电商将微信昵称设置为和所售农产品相关的名字，则极大地提高了购买者的搜索准确度。比如，一个叫李明的人在微信朋友圈销售大米，则其微信昵称可设置为“米商李明”。

**2. 头像**

设置好的头像的优势如下。

（1）增强信任感：真实的人物形象会让客户知道与自己交易的人是谁。

（2）加深印象：一个头像有气质、有个人魅力的用户加好友时，更容易被通过，还能够被快速记住。

头像是个人形象在微信朋友圈的第一次视觉展示。因此，在设置头像时，建议用本人的真实照片，最好是带着笑脸的，这样具有更强的感染力，客户看到会更愿意交流谈心继而建立信任。

**3. 个性签名**

农村电商为了让微信好友简单明了地了解自己，同时加深印象，要告诉微信好友自己的职业是什么，能为其带来什么服务。农村电商还可以用个性签名表达个性、情感、擅长的领域，等等。因此，设计一个个性鲜明的签名应注意以下几点。

①要讲清楚自己的职业；

②要讲清楚自己的特长和优势；

③可以用数字详细描述；

④可加入提示信息，多使用流行词汇。

**4. 朋友圈封面：黄金广告位**

当人们怀着好奇心点开某人的朋友圈时，首先看到的就是朋友圈封面。对于这样一块宝贵的“广告位”，一定不能白白浪费。农村电商充分利用这个位置，可以让人觉得更专业、更有实力和更有亲和力，常见的注意事项如下。

①专业：展示品牌的标识或与产品相关的元素；

②尺寸：微信朋友圈封面的尺寸为 480 像素 ×300 像素。

朋友圈封面既是朋友圈里最醒目的位置，也是最大、最有价值的位置，相当于网站的首页广告位。朋友圈封面一定要好好设计，要大气，要做得漂亮，能够吸引人。让别人看到就有一种信赖感，觉得找这个人买东西会很放心。

**5. 微信朋友圈排版**

把握篇幅长度，合理控制朋友圈文案字数。在发布营销软文时，无论内容是什么，有一点是必须注意的，那就是字数不宜太多。一般来说，100 字 ~200 字的朋友圈文案会被系统自动折叠，只展现其中 1/2~2/3 的信息。超过 200 字的文案就只显示一行字。超过字数的内容需要用户点击相关链接才能展示。可是平时大家工作生活都很繁忙，太长的内容没有多少人会认真读完。

一般来说，如果有 100 个好友同时看到了需要点开全文才能阅读的信息，愿意点开的人数可能连一半都不到，特别是在显现的文字并不能吸引他们注意时。所以，农村电商为了使微信好友都能完整地读完朋友圈文案，一定要严格控制文案字数。

每次在文本内容编辑完成后，应该认真看几遍内容，然后进行适当更改，用白描手法写出来的东西反而容易让人觉得更加贴近生活。

当真的要展示一些内容丰富、相对较长的文本时，可以采取下面几种方法。

①将文案分成多个部分

当文案内容过长，而确实又没有可以更改的内容时，可以将文案分成几个部分分别发送。

在采取这一方法时，文案内容一定要有意思，并且在一段文字的最后，应该写上一些能够吸引微信好友接着看下去的内容，这些内容就像说书先生的“且听下回分解”一样，牢牢抓住微信好友的好奇心。

当然，文案各个部分之间的发送间隔不宜过长，不然微信好友可能会忘记之前的内容。此外，文案切割的部分数不应太多，最多三个部分，不然文案刷屏也可能会引起一些微信好友的不满。

②将文案用软件生成图片文件

简单的方法是用手机自带的文稿编辑功能写完文案后直接截图，其缺点是不太美观。

因此，建议用专业的软件来编写。因为专业软件都会有很多不同的模板，除了文字，也可以加入图片来进行解释，生成引人注目的图片，让人愿意点开仔细品读。

当然，除了图片，也应该配合一些文字来吸引微信好友点开图片，仔细阅读文案。

③将文案发布到企业或个人公众号中

如果文章太长，发布到企业或个人公众号也是一个很好的选择，至少可以保证排版美观大方。当然，前提是有一个吸引人的标题，这样才能够吸引读者。

## 三、微信朋友圈营销话术

### （一）话术的重要性

在微信朋友圈中，发布的内容会被大部分的微信好友看到。如果内容不是“干货”，就无法引起他们的兴趣，连仔细阅读的人都很少，更别说购买产品了。

有人可能会产生疑惑，做产品推广的微信朋友圈内容无非就是打广告，想要引起一些用户的关注应该很难吧？的确，如果微信朋友圈的推广内容仅靠广告的话，很难引起读者的兴趣。但是可以把产品营销内容设计得更有意思、更新颖，让读者看广告的时候不产生厌恶的感觉；同时，要激发他们看推广内容的兴趣，甚至转发分享，这样微信朋友圈营销才会取得最好的效果。

小马是一个做旅游产品的微商，主要通过微信寻找一些想旅游的用户。有一天晚上，他在微信朋友圈中发布了一篇文章，并附上一些旅游景点的照片，内容如下：曾有人说，人的一生至少要有两次冲动，一次奋不顾身的爱情，一次说走就走的旅行。我想，这句话正是我们青春的写照。亲们，晚安了，天气变凉，小心感冒。当你感到无聊时，可以随时找我聊天哦，我不是机器人。

仅看这篇文章，很难让人想到这是微商发的广告。因为里面有正能量，有个人心情感悟，有风景照片。相信大多数微信用户在看这样的文章外加风景照的时候，不会产生看传统广告的厌恶感。

所以，所谓的“内容为王”不仅说的是产品推广内容，还是产品推广内容之外的价值。产品在推广内容中点到、说清就好，不要满屏都是描述自己的产品如何好、如何具有特点、如何不买就亏了等，没有任何吸引人的东西。

发布微信朋友圈时，推广内容虽然是以产品为主，但同样需要运用一定的话术，这样即使有广告，也会让人耳目一新。

### （二）常见话术

#### 1. 优惠活动

选择在电商平台购买农产品的顾客，有一部分是被平台优惠的价格所吸引的。顾客希望能够实现买到物美价廉的产品的愿望，因此他们会比较关注各种优惠活动。所以，在销售时可以重点加上“买一赠一”“满 100 减 10 元”“最低价，你不容错过”“转发即可省钱”“转发朋友圈赠送 ××”等话术，激发顾客对产品的购买欲望，促使他们尽快下单形成购买行为。

#### 2. 赞美顾客

每一个人都希望听到赞美的话，因此，适当赞美顾客，可以拉近与顾客之间的距离，进而形成购买行为。

#### 3. 突出产品优势

农产品电商一定要在自己涉及的领域变成“专家”。所谓“专家”并不一定要获得文凭证书，而是一定要有丰富的农产品知识，而且必须具有实践经验。所以，在推广产品的同时要普及一些与农产品相关的专业知识，还要有自己独到的见解，突出产品优势。这样，顾客在阅读了朋友圈之后才会觉得这个人对农产品比较了解，从而信任产品。比如，在推荐萝卜的时候，可以说，“萝卜是来自土壤的馈赠，辣椒是大地带来的礼物，经过洗净、风吹、切条、抹盐、晾晒、拌匀、封坛等十几道工序，萝卜的营养与辣椒素发生充分的反应，最后做成的辣椒萝卜口感微辣、爽口无比。”通过“微辣、爽口无比”等话术的运用，充分突出产品的优势，大大提升了消费者的购买欲望。

## 四、微信朋友圈定位

### （一）找到适合自己的定位

在微信朋友圈营销中，农产品电商不能打无准备之仗。因此，需要对微信朋友圈加以精准策划，做好定位。

农产品电商一定要明确自己微信朋友圈的定位，明白品牌吸引的是哪类人群、应该在什么地方增设什么样的内容、在什么时间段发送什么内容。

比如，经营旅游活动的微信朋友圈，其发布的内容一定与旅游活动有关，而且发布朋友圈的频率并不是很高。除了有活动或者偶尔旅行生活之类的内容，平常很少会以刷屏的方式来发布信息。因为其定位已经很精准，而且关注的粉丝也都是既定的旅行人士，所以多推一些信息和内容都是无用的，甚至会引起粉丝的反感。

当然了，定好位也并不是一件很容易的事情，需要农产品电商向粉丝发送恰当的信息。如果农产品电商发送的信息正好符合了自己产品的特点、粉丝的需求，那么就说明其在定位方面做足了准备。

当然，也不能只追求粉丝的数量而忽视质量。对农产品电商而言，只要将自己的微信朋友圈发布内容定位好，获得精准粉丝，就能事半功倍。

### （二）做好定位是成功营销的基础

在当今社会，信息呈现爆炸式增长，海量信息包围着我们每一天，但是用户的时间是有限的，如果想在用户心中占有一席之地，就必须精准定位，建立认知优势，快速抢占用户。

有了精准定位，就能通过长期运营，厚积薄发，打造出具有影响力的个人品牌。

### （三）如何进行朋友圈定位

定位，从来不是定位产品，而是定位个人品牌。由于微信是社交属性的软件，呈现强信任关系，如果直接卖产品，大家很可能选择直接屏蔽，降低销售效果。

那么，应该如何进行定位呢？现将其拆解成下面三个步骤。

第一步：瞄准需求；

第二步：发现优势；

第三步：找到“最”字。

很多人在定位时容易出现的一个问题就是定位不准确，以为自己定位的方向市场广阔，需求旺盛，最后销售产品时才发现根本无人问津。只有找准需求，才能以终为始，在起步阶段就做好准备，下面详细解读这三个步骤。

#### 1. 瞄准需求

找到用户的需求，是做好定位的第一步。那么如何瞄准需求呢？在这里分享三个方法。

（1）用户画像法

要知道用户在哪里，并且要分析目标用户的属性和标签，最好构建一个用户画像，帮助分析用户的需求。

- 你的用户都是谁?
- 他们的职业、性别、生活习惯、爱好有哪些?
- 他们有哪些需求? 消费能力怎么样?
- 你能够满足对方哪些需求?

以上几个维度，都是寻找用户需求时要思考的问题。

（2）对手研究法

竞争对手是最好的老师，因此，关注竞争对手的微信非常重要。一个农村电商如果关注了 50 个竞争对手的微信，就有 50 个账号教他怎样做好微信营销。而他要做的，就是优化所有竞争对手的方法。

比如，可以进入竞品社群，看竞品的内容输出，看竞品的广告推送，去寻找用户需求。

（3）用户访谈法

农村电商不妨找到几个关系比较好的用户，先去谈谈自己的想法和感受，看看他们会有什么样的反馈。

如果农村电商想要销售的产品连身边人都不感兴趣，那么很可能其他人就更没有需求，此时就要另找方向。

**2. 发现优势**

瞄准需求以后，就要发现优势。微信个人号品牌的形成，需要一个日积月累的过程。只有发现优势，才能发挥长板效应，形成核心竞争力，更快速地从市场中脱颖而出。

如何发现优势呢? 可以使用三维分析法，就是找到时间、兴趣、技能的交集，此处就容易产生优势。

时间，是找到比别人花费更多的精力去做的事情，在这件事上更容易产生优势。

兴趣是最好的老师。人对感兴趣的事情，往往更加有天赋，更容易产生优势。

技能，是经过长期锻炼，形成的固化行为，是已经超过很多人的地方。

找到这三者的交集，就容易找到产生卖点与特色的地方，把握住时机，就更容易成功。

**3. 找到“最”字**

定位的本质就是要么成为第一、要么创造第一。所以要从市场需求中，从竞争对手中，找到自己的最强项，最有可能成为第一的那个方向。那个方向，就是定位方向。

定位就像黑夜里的一颗北极星，为人们指明方向，指引道路，所以在开展营销活动前，首先要做好清晰明确的定位，这样才更方便客户了解和认识产品，最终才能实现成功的微信朋友圈营销。

## 五、微信朋友圈营销成交的注意事项

### （一）推送有序，广告不是越多越好

有许多的农产品电商喜欢在微信朋友圈中发布大量的广告，以为这样做营销就会更容易。其实微信的主要功能还是娱乐社交，可以和好友评论互动，在朋友圈中发布生活状态。

在朋友圈中发布广告，只是为了告诉好友，自己在销售这款产品，让微信好友产生一定的印象，但是朋友圈的广告并不一定能让用户决定购买相关商品。所以，要掌握发广告的频率，一般而言，一天最多发 3 条广告，如果广告数量太多，容易引起好友反感。推送的形式不一定都是图文专题式的，也可以是一些短文本，内容能引发读者思考，产生火花，形成良好的互动效果。

### （二）提升好友对自己的信任度

对农村电商来说，微信朋友圈销售产品，无非就是销售自己的信任度，如果好友需要购买某种农产品，而农村电商刚好正在销售，好友自然会考虑购买。农村电商在朋友圈要活跃起来，发一些生活点滴、生活常识等，提升信任度。

所以，在朋友圈做营销，不要挖空心思发布广告，而是要提升信任度，信任度高了，销售产品自然就不会有太大问题了。这个过程并不是一蹴而就的，而是需要长期积累的。农村电商切忌操之过急，这样容易适得其反。

### （三）专注某一领域

想要做好微信朋友圈营销，一定要长年累月经营。这并不是“眉毛胡子一把抓”，在哪个领域都留下足迹，而是在微信营销的过程中，选择某一个熟悉并且擅

长的领域专一地去做。农村电商应在自己熟悉的领域，推荐自己的农产品，对农产品的卖点和特性都了如指掌，进行营销。比如，农村电商，最擅长的就是农产品领域的知识，因此，可以发挥自己的特长，将关于农产品的知识发在微信朋友圈中，这样自然能够吸引好友的关注，日积月累，自然会形成购买行为。

### （四）提升附加值

每一次微信朋友圈的发布都需要经过深思熟虑。对于一个营销账号而言，附加值是非常重要的。农村电商发送朋友圈之前，需要思考什么时候发，发送什么内容，目标客户是谁等一系列问题。

### （五）多和好友互动

发布朋友圈的时候，一定要能够吸引好友关注，激发好友阅读和回复的意愿，增进和好友之间的互动，进而更好地进行销售。

所以，要多发布一些有价值的信息。什么叫有价值的信息？比如，一个卖蜂蜜的商家，就要从蜂蜜对人有哪些好处、蜂蜜怎么使用效果最佳、自己所售的蜂蜜跟商场卖的蜂蜜有哪些区别的角度发布信息，让别人主动来关注。这样不用每天大规模发广告，就会有人来咨询购买蜂蜜。当有人咨询的时候，一定要及时准确地做出回复，如果对于好友咨询的问题不知如何回答或者不确定自己的答案是否准确，要实话实说，告知好友稍等一下，马上回复，以此来提升好友的心理满足感。

除了直接发布与营销相关的内容，还可以设计活动邀请好友参加，如转发、点赞、试用等。其中转发和点赞比较常见，多表现为转发、点赞微信文章或图片，可以获得优惠券、赠品等福利，如“转发图片至朋友圈参与活动，即有机会免费获得价值 ×× 元的丰厚礼品”“转发并集齐 ×× 个点赞，即可获得 ×× 元优惠券，截图有效哦！”等。此外，可以增加游戏互动内容，如“第 ×× 个点赞的人可以获得 ××”“这篇微信文章如果点赞达到 ××，就抽取两名朋友免费赠送 ××，截至 ××，截图为证”等。如果技术允许，还可以在朋友圈发布一些有意思的小游戏，吸引用户参与和转发。在设计朋友圈活动时，可通过配图的形式来说明活动的相关信息，如活动时间、参与条件、参加流程等。

### （六）线上营销，线下成交

现在物流很方便，因此要在承诺的发货周期内为消费者发货，在做好密封的同时，还可以赠送一些小礼品以获得好感，不能无故拖延或者找借口不发货。如果实在无法发货，一定要主动联系消费者，真实地说明情况，争取得到消费者的谅解，并且要提出有效的解决方案，而不是一拖再拖，等到彻底失去消费者信任而后悔莫及。更不能采取消极、回避的态度来对待消费者提出的诉求，因为失去消费者就等于失去了销售的“生命线”，要将消费者的诉求重视起来。

### （七）循序渐进，自然长久

微信朋友圈营销需要长久维护，发布广告的时间节点要选择好，内容要精心构思。所以，懂得怎么运营微信朋友圈才是最重要的，微信朋友圈不只是产品交易和展示的平台，还是人与人之间沟通的桥梁，只有循序渐进，将其长久维护和运营好，才能产生大量成交行为。

# 任务四 微信公众号的运营策略

## 一、微信公众号的概念

微信公众号是开发者或商家在微信公众平台上申请的应用账号。通过微信公众号，商家可在微信平台上实现和特定群体的文字、图片、语音、视频等全方位沟通、互动，从而形成一种线上微信互动的营销方式。

## 二、微信公众号的特点

### （一）熟人网络，小众传播

微信作为一款手机社交软件，其用户可以跨平台添加好友，也可以通过访问手机通讯录来添加已开通微信账号的朋友和家人。因此，这样建立起来的人际网络是一种熟人网络，其信任度和到达率是传统媒介无法达到的，可以获得更加真实的客户群。

### （二）可随时随地提供信息和服务

相对于电脑而言，手机是用户随时都能携带在身上的工具，借助移动端优势，以及天然的社交网络、位置等优势，会给商家的营销带来很大的方便。

### （三）营销和服务的定位更精准

通过微信可对用户进行分组，并且通过在二维码中加入广告等方法，可准确地获知客户群体的属性，从而让营销和服务更加个性化，更加精准。

### （四）富媒体内容，便于分享

相比传统媒体，新媒体的一个显著特点就是可以随时随地浏览资讯、传递消息，碎片化的时间得以充分利用。而在这方面，微信公众号可谓做到了极致，其使社交不再局限于文本传输，而是可以借助图片、文字、声音、视频等富媒体传播形式，更加方便分享用户的所见所闻。同时，用户除了使用聊天功能，还可以借助“朋友圈”转发及“@”功能，将内容分享给好友。

### （五）一对多传播，信息到达率高

通过微信公众号，可以实现和特定群体的文字、图片、语音、视频等全方位沟通互动。微信公众号的传播方式是一对多传播，直接将消息推送到每个用户的手机上，因此，到达率和被浏览率都比较高。已有许多个人或企业微信公众号，因优质的推送内容而拥有数量庞大的用户群体，借助微信公众号进行植入式广告推广，由于用户的高度认可，不易引起用户的抵触，加上高到达率和浏览率，能达到十分理想的营销效果。

### （六）互动性强，信息推送迅速并实时更新

微信公众号使用便利、互动性强是区别于其他网络媒介的优势。尤其是公众平台中，用户可以像与好友沟通一样来与企业公众号进行沟通互动，信息推送迅速并实时更新。同时，在公众平台当中结合刮刮卡、大转盘等功能，极大地增强了营销的互动性。

### （七）营销成本更低，可持续性更强

以往，客户离开企业或门店后，除了打电话与发短信，如果客户不主动联系，商家没办法与客户再建立联系。现在商家把客户聚集到公众平台上，商家可向客户不定期推送信息，让客户对商家的品牌认知度越来越高，使营销成本更低，可持续性更强。

## 三、微信公众平台账号的类型

微信公众平台账号可以分为四类，具体如图 4–3 所示。

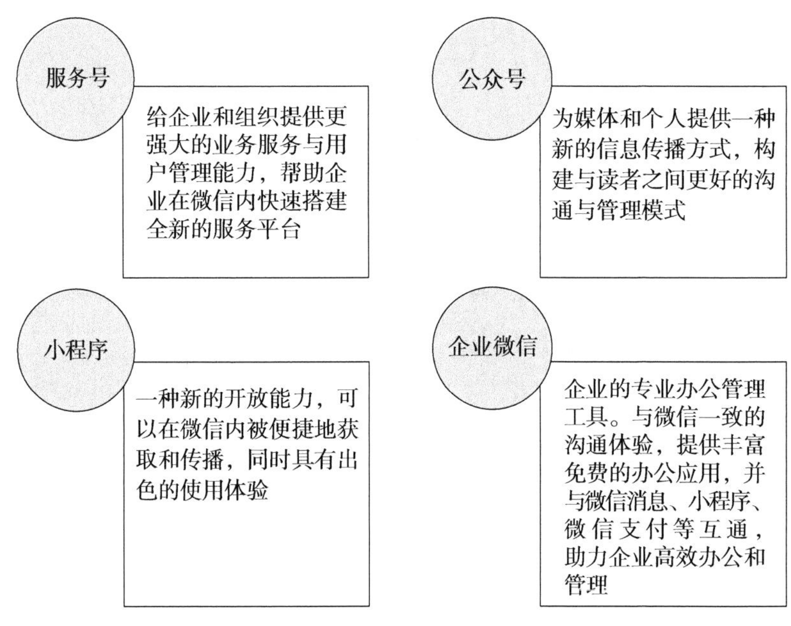


**图 4–3　微信公众平台账号的类型**

根据以上分类我们可以发现，服务号的运营主体是企业和组织，其既提供信息服务，也提供功能服务。公众号的运营主体是媒体和个人，以传播信息为主。除了信息推送频率差异显著（服务号每月可推送 4 条群发信息，公众号每天可推送 1 条信息），服务号和公众号的运营后台并无明显区别。

小程序更像是简化版的 App，主要提供功能性服务，其设计和运营的逻辑与服务号和公众号相比复杂很多。

## 四、微信公众号的运营策略

### （一）农村电商微信公众号的日常运营

#### 1. 微信公众号布局

微信公众号底部菜单应尽量简洁明了，介绍要详细，让粉丝知道这个微信公众号是干什么的，能提供什么服务。

例如，关注某个企业微信公众号，在其欢迎信息中会有一段话，这段话不仅展现了该企业的实力，同时传递了其在该业务领域的定位。

**2. 微信公众号文章内容**

没有好的内容，微信公众号是不可能引来粉丝并留住粉丝的。因此，一定要保证内容质量，要能引起粉丝共鸣。

微信公众号文章的标题要注意前 13 个字，这会直接影响文章的点击率，要尽量写得引人注目，可以在围绕文章主题的情况下稍微夸张或留点悬念。微信公众号文章的点击率首先由文章标题决定，其次是文章摘要，最后是图片。

微信公众号文章要写粉丝关心的内容，以及能够充分展示企业专业性和亮点的内容。以有机农产品为例，可以围绕有机农产品常识、农产品安全知识、营养健康知识、美食鉴赏和烹饪知识、有机农产品文化等内容进行编写。

**3. 发文频率**

根据微信公众号运营团队的能力来确定发文频率，要保证有规律，宁缺毋滥，尽量保证每周能发两到三篇。如果运营团队只有一到三人，建议每周推送一篇文章。

**4. “涨粉”技巧**

第一，农村电商微信公众号之间进行互推是双赢的合作方式。就目前来看，微信公众号之间的互推，最常见的做法就是互相推送对方的文章或“涨粉”广告。互推要找到一个“门当户对”的微信公众号，最好是有数量相当的粉丝基础、内容定位相符、类型相同（同为公众号或服务号）。

第二，自媒体“涨粉”。自媒体是不可多得的内容分发平台，其巨大的兼容性，让各式各样的内容都得到展示和传播。挖掘并利用自媒体进行内容推广，可以扩大受众群体，提高微信公众号知名度。

第三，朋友圈“涨粉”。内容要足够好才能让别人愿意转发，也可以在文章结尾处进行适当引导。

第四，评论“涨粉”。将微信公众号设置成“关注后才能留言”，这样消费者想要发表留言就必须先关注微信公众号。

第五，微信号辅助“涨粉”。微信号对微信公众号“涨粉”是非常有用的，一个微信号可以加 10000 个好友，利用微信号可以更直接地和消费者沟通。高频发布朋友圈对于提高微信公众号在朋友圈的传播率很有帮助。

第六，微信群辅助“涨粉”。现在有很多农业微信群，可以将好的文章分享到微信群，或者直接在群里推送微信公众号，这样容易产生裂变效果。

### （二）农村电商微信公众号日常内容打造

农村电商微信公众号的日常内容运营，可以围绕四个方面展开。

**1. 农民故事**

农民故事主要是讲述跟农产品相关的人的故事，如农产品种植者的故事，村干部的故事，脱贫致富带头人的故事。

**2. 产品产地环境状况**

优美的产地环境，容易让消费者产生美好的联想，进而对农产品产生好感。原生态的产地环境，容易引发消费者内心深处回归乡村、回归自然的情结。

**3. 消费者的故事、消费者真实的反馈**

对于很多消费者来讲，任何广告都抵不上朋友之间、消费者之间真实的反馈。所以，一定要把跟消费者之间互动的故事、消费者的真实反馈当作重要的内容来告诉其他消费者。

**4. 活动故事**

活动故事主要是指跟消费者一起发起一些活动，如邀请部分消费者一起在线下采茶、制茶、收割稻麦、采摘水果、施肥等，然后将活动中的图片配合文字在线上进行推广。这些活动，一方面容易让消费者形成对品牌的正面印象；另一方面能够让消费者对产品有一个直观的感受和认识。

### （三）农村电商微信公众号的运营技巧

首先，一定要在农产品的整个营销过程中不间断运营微信公众号。例如，对农产品的整个销售季进行分割，在上市前先在微信公众号中造势，借助一定的宣传手段，将整个农产品的生产过程信息分阶段发布出去；在上市时，采用已购买消费者的反馈，在微信公众号进行分享来吸引潜在消费者；在即将退市时，利用挽留的心态进行宣传，为次年的销售打下基础。

其次，要选择恰当的表现形式。微信公众号推文以图文为主，要注意结合社群营销、社交电商的方式，让消费者自发地转发，最主要的是内容要优质、有创意。

最后，发动多媒体“攻势”。除了微信公众号，还有很多重要的自媒体平台，它们各有作用，不能替代。要充分发挥各平台的作用，更好地推广微信公众号，实现营销目标。

## 思考与练习

1. 简述微信公众号的特点。

2. 简述如何与粉丝进行互动。

3. 简述微信朋友圈头像设置的注意事项。

4. 根据所学内容，试着设计一篇与农产品有关的微信朋友圈营销文案。

## 学习总结

1. 你在本项目中学到什么？

2. 你在团队共同学习的过程中，曾扮演过什么角色，对组长分配的任务完成得怎么样？

3. 对自己的学习结果满意吗？如果不满意，还需要从哪几个方面努力？对接下来学习有何打算？

4. 学习过程中经验的记录与交流（组内）有哪些？

5. 你觉得这个课程哪里最有趣，哪里最无聊？

# 项目五　农村电商直播新玩法

**【知识目标】**

1. 明确电商直播前的准备工作。
2. 掌握如何开通直播。
3. 掌握如何与粉丝进行互动。
4. 学会电商直播的营销方法。

# 任务一　电商直播前的准备工作

随着电商直播行业的兴起，很多人投身于直播带货，想从中获益。但直播带货说起来简单做起来难，尤其是对于零基础的人来说，贸然进入直播行业，很可能被淹没在直播大潮中。要想真正做好直播带货，必须找准自己的定位，确定适合的运营模式，做好充足的直播准备。

## 一、直播带货必备心态

对于一个没有任何直播带货经验的人来说，第一次做直播时多少会有些手足无措。对于直播带货，许多人的看法很简单，认为只要有网、有手机就行。事实上，直播带货操作起来并不容易，里面的知识技巧非常多。在正式开始直播之前，需要做好充足准备，第一项就是心态上的准备。

### （一）良好的心态是直播成功的基石

人与人之间可能只有很小的差异，但是这种很小的差异最终造成了结果的巨大差异。很小的差异体现在一个人所具备的心态是积极的还是消极的，结果的巨大差异体现在结果是成功的还是失败的。

在直播这个充满挑战也充满无限可能的行业，门槛其实并不高，但若想在这个行业里做出成绩，成为头部主播，除了要付出更多努力，还需要拥有良好的心态，不惧失败、敢于奋斗、行动果决。

在直播带货之前，主播一定要调整好自己的心态，因为心态的好坏，往往决定了直播效果的好坏。良好的心态是直播成功的基石。如果想在直播的世界里纵横驰骋，那么从现在开始，就应该尽力摆脱消极情绪，摆正心态。

### （二）拥有两种必备心态，直播才更精彩

#### 1. 勤奋、肯吃苦

有的人只羡慕那些带货能力强、在镜头前光鲜亮丽的头部主播，却并没有看到他们为了准备一场直播所付出的汗水与努力。大部分头部主播，其实是从困难时候坚持过来的。如今，回看头部主播早期的视频，便会发现，许多人在最初的时候，可能连续直播 10 小时，也只有很少人观看，这种辛酸只有经历过的人才能了解，如果主播不能吃苦，是根本坚持不下来的。

所以，如果打算进军直播行业，并且准备借直播带货大干一场，要做的第一个心态准备，就是勤奋、肯吃苦。

#### 2. 自信

有人说："世界上没有卖不出去的产品，只有卖不出去产品的人。"从本质上来说，直播带货也是销售的一种，而要想通过直播成功把产品卖出去，自信是主播必不可少的一个心态。

一个自信的带货主播，在直播的过程中，往往能够更好地把握直播的进程和节奏，并通过自身散发出来的魅力打动用户，让用户对产品和品牌产生信赖进而下单。而一个缺乏自信的主播，则不能打动用户，让用户对产品、价格甚至是对主播本身产生怀疑，这样的主播，带货能力又从何而来呢？一个人的心态，决定了他的精神面貌，而一个人的精神面貌又决定了他的工作状态。对于直播带货而言，这尤为重要。

所以，在正式踏进直播行业之前，不妨认真问一下自己：我足够勤奋吗？我愿意吃苦吗？我充满自信吗？

## 二、调研

### （一）找对标竞品，调研同类型账号

经过多年的直播，有人总结出了一个经验，那就是不管卖服装，还是卖面膜、水果等其他产品，在直播带货之前，主播应该去各大平台寻找同类型的内容和账号，找出 3 个做得很好的，再找出 3 个做得不好的，最好能找到对标的对象和内容，

在他人的基础上做优化和创新。比如想销售健身类产品，就去淘宝上找健身主播，学习他们的带货方式，去抖音上找健身达人，学习他们的内容呈现形式。

事实上，这种方法就是人们常说的“竞品分析”，即在正式开播之前，找对标竞品，调研同类型账号。

**1. 为什么要分析对标竞品**

在分析对标竞品之前，需要先了解它的含义。对标竞品是指对标竞争产品，也指对标竞争对手的产品。在直播平台上，凡是同类型直播账号的产品都是对标竞品。

一般来说，竞品分为核心竞品、重要竞品和一般竞品 3 个级别。

以自己的直播账号为基准，那些非常有竞争力、实力明显高于自己的竞品为核心竞品；优于自己但是竞争力一般的竞品为重要竞品；竞争力不如自己的竞品为一般竞品。

对于核心竞品，如果的确难以与之竞争，就可以学习其长处来优化自己，实施避强定位；对于重要竞品，需要分析其优势，继而优化自己；对于一般竞品，则不需要花太多时间，只需研究其劣势，避免自己出现同样的问题即可。

大到上市企业，小到街边小店，想要在直播带货中获得成功，持续做竞品分析必不可少。

具体来说，分析对标竞品主要有以下五大原因，如图 5–1 所示。

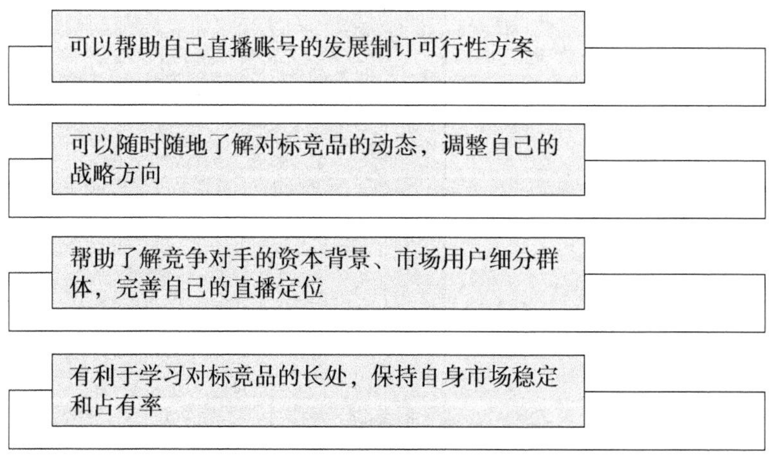


**图 5–1　分析对标竞品的五大原因**

### 2. 对标竞品的调研与分析

关于对标竞品的调研与分析，可以在找到同类型直播账号后，通过网上搜索、联系相关直播账号等方式统计出该直播账号的相关数据，比如该直播账号的用户流量、营收情况等。

虽然在直播平台上注册账号的人越来越多，但大多以幽默搞笑、平易近人等风格为主，所以出现对标竞品在所难免。在这个过程中，很多直播运营人员会产生疑问：我想做的直播电商产品已经有人做得非常成功了，我还有做的必要吗？答案是当然有做的必要。只要通过科学、专业的对标竞品分析，找到准确和更加细分的差异化定位，就不用心存疑虑。

那么，什么样的对标竞品分析才是科学、专业的呢？以下三大核心内容，可以帮助判断直播属性，找到准确的定位。

（1）用户习惯

用户习惯和消费体验决定了直播账号所能达到的高度。要对竞品的用户习惯、消费体验、情感等因素进行分析，即进入其直播间来观察主播的营销方式，研究其定位、用户人群，对购买该直播间产品的用户进行调查，从而揣摩用户的习惯，改进自己的直播。

（2）核心价值

核心价值是指直播账号的核心竞争力，主播要为直播的设计、细节、定位等赋予价值，这个价值可以延长用户观看直播的时间，并使用户产生愿意购买产品的心理。

（3）延伸服务

有很多竞品之所以做得好，是由于直播间的互动、售后服务等方面做得好，更好地满足了用户的需求。如某农产品电商主播经常会在直播结束时与用户进行互动，并承诺，如果收到产品后，发现有“坏果”的情况，店铺会进行赔偿，这就是将服务延伸，满足用户需求。

做好以上三大核心内容，可以帮助主播了解直播账号是否能吸引用户，满足用户需求，并提升自己直播间产品的竞争力。总而言之，在直播内容日益同质化的情况下，更要注重细节，在用户体验上下功夫，以便能让更多的用户关注主播，从而提升带货的经济效益。

### （二）直播前的调研工作

新主播在正式开播前，首先要了解直播的基本知识，如直播给哪些人看，这些人喜欢什么内容，他们为什么喜欢看直播。在全面了解这些知识的基础上，再去吸引观众，最终达到直播卖货的目的。

导致观众大量流失的主要原因，是主播不知道在直播时应该做什么。仔细观察那些非常火爆的主播，可以发现他们都是在直播前做了充分的准备工作，一开播就直接进入主题，直到顺利完成直播。新主播更需要提前做细致调研，具体的调研工作如下。

**1. 了解观看直播的人群**

（1）长期足不出户的人

只要直播间新推出与生活有关的农产品，长期足不出户的人就可能第一批购买，他们可能是最早关注直播的群体。

（2）空余时间不知道做什么的人

空余时间既不喜欢看书，也不喜欢追剧，朋友圈、微博早已刷得不耐烦，这类人很可能喜欢观看直播，喜欢在直播间与网友聊天。

（3）需要陪伴的人

这个群体的人都希望有人陪伴，打开直播软件找到自己喜欢的主播，从而慰藉孤独的心灵。

**2. 了解观众喜欢看直播的原因**

（1）陪伴

空闲时间较多或需要陪伴的人，在观看直播时可以和直播间的观众一起聊天，排解孤独。

（2）关注

观众通过给主播刷虚拟礼物，可以获得主播本人以及直播间其他观众的关注，从而享受这种被人关注的感觉。

（3）单纯购物

这类人群的喜好很简单：通过购买直播间的产品为生活提供便利。这类人群深受主播的青睐。

## 三、做好试播和时间规划

直播准备的最后一步是做好试播和时间规划。所谓试播，就是指测试网络、调整灯光环境、测试主播的语态等条件是否满足要求；而时间规划，指的是确定每天在什么时间直播。这看似简单的两个内容要做好其实并不简单，那么，主播具体该如何做呢？

### （一）试播的准备工作

要想做好试播，就需要先搭建一个美观舒适的直播间。直播间的构建分自然环境和硬件配置两个方面。

自然环境是指要有一个单独、清静的室内空间，面积不用太大，满足直播需要即可。可以是公司办公室、家中的卧室、店面的隔断，但在附近存在噪声影响的地区不建议布置直播间。对于农产品主播来说，可以选择在田间地头进行直播，这样或许会收到更好的效果。

硬件配置是指搭建直播间的背景图、灯光效果、手机支架、声卡、显卡等要素。背景图挑选单色的就可以，再搭配背景图支撑架。背景图搭建好后，便是灯光效果，一般需用到广告灯箱或圆形闪光灯等，假如是店面直播间，还可以运用吊顶轨道射灯。图 5–2 为常见的农产品直播带货背景。

**图 5–2　常见的农产品直播带货背景**

灯光色调方面，一般都挑选冷色，但是特色美食类农产品的直播可以选取暖色。灯的功率应匹配直播间空间尺寸。如果直播间室内空间很小，摆不了广告灯箱，就可以选择圆形闪光灯，成本也会低一些。

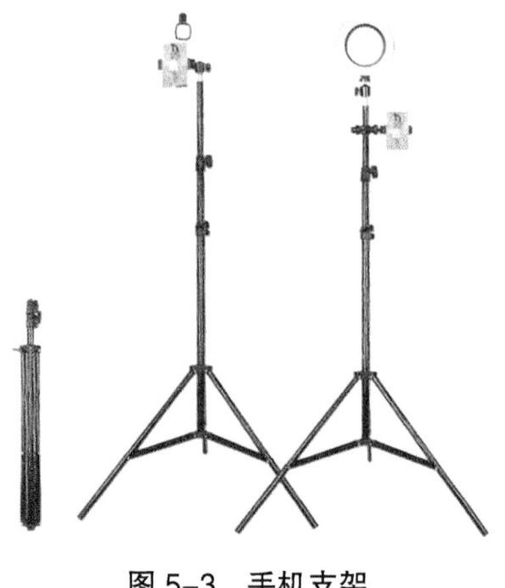

图 5-3　手机支架

解决了灯光效果相关问题后，就要解决手机支架的问题。如果多个直播间同时播出，可以多设置几个手机支架，以便多方位、多角度同步直播。图 5-3 为可以使用两个不同机位的手机支架。

跟手机支架搭配的便是手机了，主播必须提前准备最少两部手机，一部用于挂在手机支架上使用后摄像头来进行直播，另一部用于随时随地查询直播间对话框的信息内容。

如果对直播间的声音也有更高要求，就得提前准备一个声卡，以确保收音的清晰感和层次感。声卡大多选用具备多种音乐特效的产品，这类产品不但手机上可以用，电脑上也可以用。如果非常在乎直播间的画面和声音质量，也可以使用电脑开展直播。

图 5-4　配置超清摄像头的电脑

直播电脑的重要配置是 CPU、独立显卡、电容麦克风和超清摄像头。图 5-4 为配置超清摄像头的电脑。

这样，一个直播房间就搭建完成了。

除了自然环境和硬件配置，主播还要提前准备好与观众互动的话题，否则主播一开直播不知道说什么，直接推荐商品，会引起观众的反感。所以，在试播之前，主播可以准备一些话题，比如热播电影、有趣段子等作为直播的开场话题。

完成以上准备后，主播可以打开摄像头，观看直播画面，从而调整摄像头的位置、直播间的背景、自己的仪态等，确保直播能达到最好的效果。

直播的前 30 分钟，一定要与观众保持互动，可能新主播没有什么观众，但只要有观众进直播间，就要去和他们互动，向刚来的观众表示欢迎，毕竟礼多人不怪。这时候可能会有一些观众给主播点关注，主播要尽可能向观众介绍自己，加深印象。

直播的第 30~60（含）分钟，可以展示个人才艺及所售商品，就算直播间没人刷礼物，也不要丧气，不能半途而废。对于一个新主播来说，前期的重点是坚持，积累自己的人气。主播的心情，能直接影响到观众，如果观众一进来就看见主播一脸沮丧，还会有观众吗？所以，不管发生什么事，主播都要以最好的状态去欢迎每一位观众。

直播的第 60~90（含）分钟，主播可以通过提前的准备带动气氛。人与人之间可以通过聊天来建立感情，一次不经意的聊天可能就会让某个人或者多个人喜欢。主播可以在平时多积累点热门的段子，这样，在互动的时候不仅能挑起观众的聊天兴趣，还能迅速带动直播间氛围。

直播的第 90~150（含）分钟，主播可以继续介绍所售商品，哪怕直播间观众很少，也要一直介绍，不能冷场。

直播的最后 30 分钟，主播可以向观众道谢，感谢他们的支持。其实这么长时间的直播之后，不仅主播感觉很乏累，观众也很累。如果主播直接下播了则显得没礼貌，所以，在直播的最后 5 分钟，可以发布直播预告，让观众知道下一次直播的时间和内容，这样做，不仅可以留住老观众，还可以吸引大量新观众进入直播间。

### （二）如何做好时间规划

#### 1. 选择适合自己的时间段

这里有 4 个时间段可供选择。第一个时间段是早上，此时，看直播的观众时间比较自由，并且早上进行直播的主播较少，这意味着竞争较小，是一个吸引观众的好机会；第二个时间段是中午，此时观众的状态通常比较疲惫，因此，在这个时间段偏娱乐化的直播内容比较受欢迎；第三个时间段是晚上，直播平台的流量在晚上处于高峰状态，无论是主播还是观众，参与的人数都很多；第四个时间段是凌晨，在凌晨看直播的观众更愿意与主播交流，因此是主播培养忠实观众的好机会。

对于很多新主播，可以多试一试早上、中午和凌晨时间段。比如，一位农产品电商主播的时间规划是这样的：每天用 3~5 小时直播，2 小时熟悉产品和策划直播内容，1 小时分析用户数据，到农产品种植地进行 1 小时的农产品拍摄。

#### 2. 固定自己的直播时间

如果商家直播时间固定了，那么随着直播次数的不断增加，用户会慢慢适应商家的直播节奏，商家的直播内容也会逐渐给用户留下印象，如果用户想看商家的直播，就会把这段时间专门空出来。

相反，如果商家随意选择时间直播，那么用户对商家的直播很难形成固定的印象，长时间停播会造成用户流失，停播时间越长，主播则需要花费越多的时间来和用户重新建立信任关系。

**3. 保障合适的直播时长和质量**

对于直播来说，直播时长对产品的曝光度、用户的积累速度、直播的收益等方面均会产生重要的影响。不过，这并不意味着可以故意拉长直播时间进行无价值直播，如果出现直播时吃饭、主播经常离开镜头范围等拖延直播时间的行为，会增加观众流失的概率。因此，主播在保障直播时长达标的同时，要保障直播内容的质量。

# 任务二　如何开通直播

## 一、认识拼多多

### （一）拼多多介绍

2015 年 9 月，拼多多成立。拼多多最初以生鲜商品作为切入口，后迅速扩展到其他品类，其最初瞄准的是小城市，并依赖用户基数庞大的微信实现低成本裂变，结合拼单享有更低价的拼购模式实现流量的变现。

### （二）拼多多运行模式

#### 1. 平台社交电商模式

在拼多多迅速发展的背后，是分享拼单的社交电商模式。消费者在平台上单独购买一个商品的价格往往高于两人拼单购买的价格，所以多数消费者会选择拼单购买。例如，单独购买一款商品的价格是 27.8 元，而与别人一起拼单则能以 12.9 元的价格购买。

新的购物方式一经推出，短时间内就吸引了大量的消费者。拼多多的电商模式，抓住了消费者追求物美价廉的商品的心理，采用“拼单”的方式，吸引消费者，利用消费者自己的人际关系，渗透到不同的圈子，扩大平台知名度。

#### 2. 平台用户分析

拼多多满足了对价格敏感消费者的巨大市场空白。

拼多多的用户以女性为主，年龄集中在 30~50 岁。

### （三）拼多多对农村电商的价值

拼多多一直都很重视农村电商的发展。让全国各地的农产品走出农村，走向大城市是拼多多重要的目标。

**1.“多多农园”创新扶贫兴农模式**

“多多农园”是由拼多多发起的探索脱贫攻坚和乡村振兴机制性衔接的创新模式。具体模式内容是首先由拼多多在各个产业区、贫困区定点建立农产品园区，然后派驻农研队伍、培训团队到果园进行帮扶；其次组织代运营、代加工体系优化农产品；最后通过电商销售，实现农民利益的最大化。通过“多多农园”，拼多多实现消费端“最后一公里”和原产地“最初一公里”直连，在为平台消费者提供平价高质量农产品的同时，有效地带动了农产品上行。

依托“多多农园”这种新电商供给模式，拼多多实现了农产品订单总额的大幅度增长，成为我国大型农产品网络零售平台之一。

**2. 平台资金对农产品销售的推动**

拼多多平台方表示，债券发行所得款项将主要用于平台研发投入和新农业基础设施建设。作为我国大型的农产品网络零售平台之一，拼多多会继续加大力度投入农业科技研发和农产品网络零售体系建设，为农业生产者和消费者创造更多价值。

**3.“拼”模式契合农产品的非标准化现状**

我国农村的分布是比较分散的，导致农产品的运输、存储标准化程度不高，所以流通和分发的效率很低。而拼多多平台的“拼”模式契合了目前我国农产品的非标准化现状，推动了农产品的销售。

**4. 紧跟政策步伐，助力“中国农民丰收节”**

2019 年“中国农民丰收节”，拼多多联合 11 所高校举办的“农业科技创新与丰收中国”论坛在云南昆明召开。本次论坛以“农业科技创新与乡村振兴”“新农人与脱贫攻坚”为核心议题，专家学者各抒己见、献计献策，为脱贫攻坚和乡村振兴贡献智慧与力量。

## 二、开通拼多多直播

随着直播行业的快速发展，拼多多于 2020 年 1 月正式上线“多多直播”，让商家能够通过直播来销售商品，为商家带来更多流量。

## （一）多多直播的主要直播模式

在拼多多平台上，常见的直播模式有商家自播、走播和助农直播。

### 1. 商家自播

商家自播是多多直播的主要直播模式。大多数商家自播场地为线下门店、仓库等，直播场景比较简单，主播只需一部手机，就可以向用户展示真实的交易场景。在这些直播间中，主播就好像线下导购员，他们不会根据既有直播脚本依次上架和讲解商品，而是让用户在评论区提出要求，然后主播根据用户的要求进行讲解。

### 2. 走播

不少商家会采取走播的模式，在商品货源地进行直播，让用户直接与线下货源对接。大多数走播都带有“商品溯源”的性质，主播通过直播镜头带领用户探索位于交易链上游的商品货源地，以“没有中间商赚差价”为卖点，帮助商家销售商品。

走播模式多用于销售水果、蔬菜等农产品。图 5–5 为主播在蔬菜种植基地里直播，图 5–6 为主播在水果发货仓库直播。

**图 5–5　主播在蔬菜种植基地里直播**

**图 5–6　主播在水果发货仓库直播**

### 3. 助农直播

助农直播是拼多多平台的一大特色，拼多多平台与多个地区合作，将各种农产品、土特产带入直播间，以“直播 + 团购”的方式销售农产品。既帮助农民销售商品，提高了销售额，也切实满足了拼多多平台上用户的日常需求，让用户购买到非常优惠的农产品。

### （二）多多直播的权限开通与主播人设打造

获得多多直播的权限是商家在拼多多平台进行直播的首要条件，而商家要想让自己的直播在众多直播中脱颖而出，还需要打造主播人设，以凸显自身特色，加深用户对直播间的印象。

#### 1. 开通直播权限的条件

（1）如果商家使用手机直播，需保证“拼多多商家版”客户端版本升级至最新。

（2）商家已交纳店铺保证金，且符合阈值。

（3）商家在平台有正常的经营行为，且无任何平台违禁记录。

（4）商家直播销售的商品非平台禁止直播类目。

同一个店铺不能同时开通两个直播间。店铺的管理员、运营、客服管理员、运营与客服管理员的子账号可操作直播，子账号支持“添加商品”“发粉丝红包”“禁言”等操作。

#### 2. 主播人设的打造

直播时，商家可以选择由店铺运营者、店铺客服人员担任主播，或聘请专业的电商主播。在打造主播人设时，可以参考专家人设、达人人设、低价人设、励志人设等策略。

一般来说，商家直播间的账号就是拼多多店铺的账号，因此，店铺的名称和头像也就是直播间的名称和头像。为了进一步突出直播间的主播人设及直播间特点，商家应该为店铺设置一个差异化、具有吸引力的店铺名称和店铺头像。商家在设置店铺名称时可以采取以下方法。

（1）根据店铺主营商品品类来命名。例如，一个销售农产品的店铺起名为“农家小铺”。

（2）根据店铺主要消费群体的心理追求来命名。例如，一个主营腊肉的店铺起名为“吃货的乐园——一家好吃的腊肉店”。“吃货”是这个店铺的主要消费群体，“好吃”体现了店铺商品的特色，同时是这类群体的心理追求。这样的店铺名称能够使此类群体对店铺产生好感，从而提高店铺的浏览率和成交率。

（3）有些商品属于地方特产，带有鲜明的地域特色，这时商家可以在店铺名称中标明如山西的陈醋、新疆的干果等字样。

（4）商家可以直接以经营的品牌来命名，这样的店名让人感觉商品正规，给人信赖感。

## 三、认识淘宝直播

直播电商需要做的不是直播，而是通过直播连接商品、用户，通过直播直接产生交易，通过交易为主播、商家、用户带来利益，而淘宝直播凭借完善的商业基础设施和丰富的内容展现形态，以及多元的粉丝运维方式，打造出了完整的直播电商产业链。

### （一）淘宝直播平台认知

淘宝直播是阿里巴巴网络技术有限公司推出的直播平台，用户可以一边看直播，一边与主播互动交流，领取优惠券，并选购商品。

### （二）淘宝直播的类型

一般来说，淘宝直播通常分为淘宝店铺直播、淘宝达人直播、淘宝全球购买手直播和PGC生产者直播。

#### 1. 淘宝店铺直播

淘宝店铺直播是指商家开通的直播。一般来说，淘宝店铺可以分为天猫店、C店和企业店。天猫店是指在天猫平台上运营的店铺；C店是个人店铺；企业店是指与个人店铺相区别的、以企业名义开设的店铺。这些店铺都可以开通直播权限，直播效果较好的商品类目主要是服装鞋包和化妆品。

#### 2. 淘宝达人直播

淘宝达人直播是目前淘宝直播的主力军，因此，达人主播也在淘宝直播平台中占据了重要的地位。达人主播与新手主播不同，他们在行业中已经积累了一定的知名度，商家会主动寻求合作，并为达人主播支付佣金。

#### 3. 淘宝全球购买手直播

淘宝全球购买手是指到世界各地不同的购物中心购物的买手，由这些买手开通的直播称为淘宝全球购买手直播。淘宝全球购买手要想开通直播，一个重要的前提是确保没有严重违规和虚假交易，商店处于正常状态，并具有稳定的经营能力。

#### 4. PGC 生产者直播

PGC（专业生产内容）指的是在某个领域具有专长，能分享专业领域内有价值的内容。PGC 生产者是指具有专业身份、提供专业内容的内容输出者，如媒体平台的编辑、记者，学术领域的教授学者，传媒领域的制片机构、综艺节目人员等。

## 四、淘宝直播权限的开通与人设打造

不管是商家还是个人，要想开通直播，都要满足特定的条件。而在满足条件并成功开通直播后，主播还要进行人设打造，为自己打造一个良好的形象，从而逐渐积累粉丝，扩大影响力，并稳定地通过直播带货。

### （一）开通直播权限的条件

直播权限是淘宝直播的基础权限，商家和个人只要达到基本条件就能成功开通直播。商家直播和个人直播的开通条件是不同的，具体如下。

#### 1. 商家直播

商家直播包括个人店铺直播和企业店铺直播。开通商家直播需同时满足以下条件：

（1）商家必须拥有淘宝店铺且店铺等级达到一定要求；

（2）商家须符合淘宝网营销活动规则，具备良好的信誉记录；

（3）商家具有一定的客户运营能力，具备直播相关的设备和技能。

#### 2. 个人直播

个人直播主要是淘宝达人直播，个人可以通过支付宝实名认证，注册成为淘宝达人。淘宝达人账号等级达到一定要求，且完成身份核实以后，还要通过直播平台的内容考核。淘宝达人要上传一段自我介绍或其他相关内容的视频，以展现其控场能力、表达能力。在考核通过后，淘宝达人就可以申请开通直播权限，如果审核通过，即可开始直播。

### （二）主播人设的打造

人设是指人物形象的设定，主播的人设是指结合用户喜好，按照市场需求与个人发展方向打造出来的形象。打造主播人设可以让用户在脑海中形成一个既定的印象或标签，进而关注主播，成为主播的粉丝。因此，主播要想培养一批忠实粉丝，就必须明确定位，找到喜欢自己的用户群体。

主播定位可按照以下 4 个步骤进行。

第一，明确细分领域。

主播要明确细分领域，找到适合自己的发展方向，可以从以下 2 个方面来确定。

（1）才华天赋：才华天赋决定主播的擅长领域，主播只有找到能够尽情施展自身才华的领域，才能更快地获得成功；

（2）经验积累：一个主播只有在其所处领域积累了足够多的专业知识和经验，才能达到顶尖水平。

第二，挖掘自身特色。

在数量庞大的主播群体中，主播要想脱颖而出，就需要具有较高的辨识度和鲜明的特点。在挖掘自身特色时，主播可以从以下 2 个方面来展开。

（1）研究头部主播：主播要学习借鉴所在领域的头部主播，学习他们的引流方式、运营方式和互动方式等，将这些技巧和策略为自己所用；

（2）深耕细分市场：主播要凭借自己在某一细分领域积累的经验，深耕该领域，通过对行业内竞争对手及直播间粉丝需求的分析，最大化地展现自身优势，从而扩大自己的影响力。

第三，拟定合适的名字。

在注意力稀缺的时代，主播的名字只有被用户记住才能有继续打造人设的可能性。

一般来说，好的名字要朗朗上口，简单好记，最好能与主播所在的领域相关，且不容易产生歧义。主播名字最好用中文，字数不要太多，最好控制在 5 个字以内。

第四，打造良好形象。

打造个人形象时要注意以下几个方面。

（1）外在形象。主播要注重外在形象的塑造。在直播带货过程中，主播要保持微笑，耐心讲解，同时注意自己的行为举止，动作要文雅。

（2）内在形象。主播不仅要打造良好的外在形象，还要注重内在形象。只有拥有正确的价值观，为网络带来正能量，主播才能为社会做出更大的贡献。如果主播不注重内在形象的维护，不仅会受到网友的抵制，还有可能被平台封禁。

# 任务三　与粉丝的互动

主播通过直播吸引粉丝并不是最终目的，而是促进直播转化的重要途径。粉丝数量增加可以提升直播带货转化率，但要想让带货转化率保持稳定增长，主播就要做好粉丝运维，维持粉丝黏性，增加与粉丝的互动，给粉丝继续关注直播间的理由。

## 一、了解粉丝的心理特征

主播要想做好粉丝运维，就要了解粉丝的心理。一般来说，进入直播间的粉丝可以分为 4 种，即高频消费粉丝、低频消费粉丝、其他主播的粉丝和新进入平台的粉丝。

### （一）高频消费粉丝

高频消费粉丝在直播间有过大量的购买行为，长期在直播间与主播互动，同时喜欢反馈购买情况，因此，这些粉丝已经有了习惯的购物环境和稳定的购物预期。

对于这类粉丝，主播要保证货品的丰富度，防止粉丝因看到重复的商品而失去兴趣；主播要保证商品的价格和质量优势，这是吸引粉丝重要的因素，毕竟粉丝来直播间购物的目的是买到物美价廉的商品，如果价格太高或质量不好，他们就会失去关注主播的动力；主播要在直播间时刻保持热情状态，情绪饱满地与粉丝积极沟通，并时刻提醒粉丝与自己的良好关系，强化粉丝的认知，同时积极回复粉丝的问题，做好售后工作。

### （二）低频消费粉丝

粉丝消费频率低的原因有很多，例如，没有看到喜欢的商品、不太了解商品等，消费频率低也是为了降低前期的试错成本。再加上主播没有及时引导这些粉丝，或尚未重视这些粉丝，就更加深了粉丝与主播的隔阂。

对于这类粉丝，主播要提升直播间的货品丰富度，提高粉丝看到满意商品的概率，最大限度地满足粉丝的需求，从而提升粉丝对自己的好感。另外，为了让粉丝感受到主播的诚意，主播可以为粉丝提供专属福利，如赠送商品、价格减免等。

### （三）其他主播的粉丝

当这类粉丝浏览其他主播的直播间时，由于还没有建立对该直播间主播的信任，因此对主播推荐商品的质量和售后服务等情况都处于观望状态。

针对这类粉丝，主播要进行低价引导。主播介绍的商品价格要比其他主播的同类商品的低一些，这样可以刺激粉丝的价格敏感心理，吸引他们的关注。同时，主播要积极地引导这些粉丝关注直播间，并承诺关注直播间会获得福利。例如，主播可以向新粉丝赠送商品、价格减免等，让新粉丝感受到主播的诚意。

### （四）新进入平台的粉丝

这类粉丝对直播电商的信任度并不高，也不了解直播电商平台的操作规则，即使想购买商品，也不知道如何购买。

对于这类粉丝，主播要展现良好的形象以及专业的知识，来增强粉丝对主播的好感。由于这类粉丝进入直播间的购买目的性比较弱，主播要加强消费引导，强调购买商品带给粉丝的利益，或利用优惠券、红包、抽奖等形式吸引粉丝关注。同时，主播要与粉丝积极互动，拉近与粉丝之间的心理距离，提升粉丝对主播的信任感，从而提升购买转化率。

## 二、与粉丝互动

直播行业的火爆吸引了很多人入驻直播平台成为主播，直播平台之间的竞争也越来越激烈。主播开通直播权限之后，就会想方设法地去提高粉丝量和人气。电商直播做的就是粉丝经济，即使主播的卖货能力很强，如果没有一定的粉丝观看，也没办法为店铺带来效益。所以，为了做好直播，主播在提升自己能力的同时，还要懂得如何与粉丝互动。

### （一）直播开始时先给粉丝讲述小知识

卖货虽然是电商直播的主要目的，但也不能一开播就卖货。主播在开播时应该先给粉丝讲述产品相关的知识，在粉丝感兴趣之后再开始卖货，这样更容易让粉丝接受。例如，主播的直播领域是农产品，在直播开始时就需要给粉丝讲述挑选农产品时的注意事项、营养搭配等知识，这些知识会更受粉丝欢迎。这些内容必须是真实且正确的，不能讲一些未经过认证的内容。

### （二）掌握互动话术

作为一名主播，与粉丝的互动沟通极为重要。也许一句话会为直播间招来粉丝，也许一句话会让直播间失去粉丝。所以，掌握互动话术是非常重要的。

**1. 基础话术——欢迎话术**

对每一个进入直播间的粉丝，主播都要欢迎一下，最基础的话术是：“欢迎×××进入直播间。”虽然这种话术听起来太机械化了，而且很多主播都在用，但是对于粉丝来说，感受是完全不同的，会感觉到自己受到了重视，满足了心理需求。

- 欢迎话术 1：传达直播内容

“欢迎×××来到我的直播间，很多人是因为我家的农产品品质好、口感好而留下来的，你也是吗？”

- 欢迎话术 2：解读观众名字

“欢迎×××进入直播间，咦，您的名字很有意思啊。”

- 欢迎话术 3：热情洋溢，真诚自然

“欢迎×××来到我的直播间，有什么不清楚的地方可以问我哦！”

- 欢迎话术 4：找共同点

“欢迎×××进来捧场，看名字应该是老乡，是吗？”

- 欢迎话术 5：满足心理需求

“欢迎×××的到来，我直播间少有高等级的号，您一来真是蓬荜生辉呀！”

● 欢迎话术 6：感动话术

“欢迎 ××× 回来，每一场直播带货都见到你来，真的特别感动。”

**2. 互动话术**

直播间的氛围是需要主播有意识营造的，在不同的情景下应该有不同的话术引导直播间里的观众参与互动，目的就是让直播间里的观众持续不断发言，增加他们的停留时间。这类话术都有一个共同点，就是让观众做一些简单发言。

常见的互动话术如下：

（1）发问式话术

“主播给大家唱首歌好不好？你们是不是想找个像我一样爱吃水果的朋友？宝宝们，这款产自 ×× 的芒果你们食用过吗？食用过的请扣 1，让评论区活跃起来好不好？”

这类发问式话术的答案只有肯定或否定，观众打 1 个或 2 个字符就能互动了。

（2）选择题互动

“宝宝们，想要 a 款的扣 1 ；要 b 款的扣 2。”

这类话术就是给观众抛一个选择题，答案 1 或 2 都可以，发言成本很低，能够迅速让观众参与直播互动。

（3）节奏型话术

“觉得主播对这款农产品介绍到位的请刷波 666。”“刷波小红心让我感受一下你们的热情。”

这类话术就是要带动观众发言，让新进来的观众看到直播间很活跃，很好奇为什么那么多人刷 666，主播到底带了什么产品。

（4）刷屏式互动

“想要的宝宝在评论区里打‘想要’”。

主播还需要用一个标准的模板去引导粉丝提问。

比如，有些粉丝会问：“这款水果适合婴儿食用吗？”这类问题往往不会涉及产品的具体适用条件，这时就需要引导粉丝使用标准模板提问：“宝宝们可以说一下你家宝贝的年龄吗？主播会给你们推荐最合适的一款。”这跟引导粉丝在直播间扣 1 是一个道理。

（5）冷场时的话术

有时直播间没人发言，又不太适合再用上面提到的话术，这时就需要主播重新激活直播间里的观众了。可以用下面的话术：

“喂，有人在吗？我是不是卡了，都看不到你们说话了（配合夸张的表情语气和动作）。”

“最怕空气突然安静（唱出来），你们为何如此安静？”这时通常会有观众与主播互动，缓解尴尬。

3. 播报话术

在直播的时候，要经常给自己的产品打广告，但是不能刻意地强调，否则会引起粉丝的反感。不断给粉丝介绍自己的直播间或产品，这样不仅能吸引新粉丝的关注，还会提升老粉丝的黏度。

- 播报话术 1：直播时间预告

“非常感谢所有还停留在我直播间的粉丝们，我每天的直播时间是 ×× 点 ~ ×× 点，风雨不改，没点关注的粉丝记得点关注，点了关注记得每天准时来哦。”

- 播报话术 2：产品宣传

“新进来的粉丝们还不知道本店主营的产品吧？我现在要宣传一波啦，请听好！小店主营各类农产品，产地源头发货，冷链物流全程配送，无论是口感还是品相都是十分优秀的。现在主播从参与互动的粉丝中抽出 5 位幸运粉丝，免费送出 1 箱芒果，来，现在大家在屏幕上打出‘我要芒果’四个字，我要开始抽奖了。让屏幕滚动起来吧。加油！”（放音乐）

- 播报话术 3：个人宣传

“我是一个明明可以靠颜值吃饭，但偏偏选择回到家乡、通过互联网进行直播带货的小主播，感谢你们欣赏我的直率，包容我的粗心，认可我的努力。我希望你们能一直陪伴我的成长，我会记住、会努力、会坚持，会把家乡最优质的农产品带给你们。”

- 播报话术 4：希望粉丝得到什么

“我做直播，除了想得到别人的认可，也希望大家能够在我的直播间得到片刻放松，能够花最少的钱买到优质且安全的农产品。点关注的家人们，谢谢你们的认可。”

- 播报话术 5：希望得到粉丝的认可

“走进直播间的家人们，希望你们用发财的小手，轻戳手机屏幕，帮主播点点赞、点点关注好吗？你们的点赞数量就是我的成绩单，点赞数量越多，我的流量就越高，感谢大家。同时，我要从点赞数量较多的家人中抽取 8 位幸运粉丝，免费赠送 2 斤腊肉，来，点赞走起来吧。”

4. **感谢话术**

主播收到礼物或者看到有粉丝下单购买产品时，都是需要感谢的，其实感谢并不需要话术，因为这是一个条件反射。收礼物时会开心吧？感动吧？把情绪真实地反映出来即可。

● 感谢话术 1：数礼物数量

“感谢 ×× 送出的礼物，这位家人一直在直播间下单购买产品，同时送出了 10 个小礼物，还没停吗？ 20 个了，30 个了，哇，礼物完全停不下来！非常感谢。”

● 感谢话术 2：单纯为支持主播而购买

“感谢 ×× 的下单，这位家人一直在直播间观看，他说其实并不需要主播的产品，但是看到主播非常辛苦，就下单支持，在这里十分感谢。主播相信，这款苹果的口感、外观绝对是市面上少见的。真的是吃在嘴里，甜在心里！”

● 感谢话术 3：真诚的感谢

“感谢 ×× 粉丝的好评反馈，主播之所以能够一直在平台中为大家带农产品，第一是因为家乡的农产品品质过硬，第二是因为直播间家人们的支持，是你们的支持让我在平台中坚持下去，在这里谢谢所有的家人们。”

5. **下播话术**

每一个陪你到下播的粉丝都是“铁粉”，每一场直播都要有始有终，所以临近下播的时候，需要有一套下播的话术，这不仅能延续粉丝的不舍之情，也是给自己做一个简单的总结。

● 下播话术 1：谢榜谢陪伴

“感谢今天的榜一 ××× 榜二 ××× 榜三 ×××，谢谢你们的礼物，特别开心。虽然有一些家人们没有陪到我下播，但百忙之中抽时间来到直播间实属难得。感谢所有下单的家人们，特别是下了 20 单的 ×××。另外，很多家人从我一开播就来了，一直陪我到下播，比如 ×××。陪伴是最长情的告白，你们的爱意我收到了，主播在这里鞠躬感谢了。”

● 下播话术 2：直播预告

“今天的直播接近尾声了，明天也许会提早一点开播，我会提前发消息告诉大家，大家一定要来哦，我等你们。今天主播有做得不够好、不到位的地方，请大家多多包涵，主播在这里鞠躬感谢大家”。

- 下播话术 3：最后的祝福

"按照惯例，最后把《××××》这首歌送给大家，希望大家睡个好觉做个好梦，明天新的一天好好工作，明晚我们再聚。当歌声响起的时候就是主播感谢大家的时候，谢谢你们的支持！"

- 下播话术 4：总结

"今天新增粉丝 ×× 个，涨了 ×× 个关注，比预计的少了一点，我要更努力一点才行了，家人们，给我加油吧。"

### （三）注重互动过程，增强互动效果

直播间要时刻保持和谐的氛围，一个直播间不能只有主播的声音，要想办法让粉丝参与其中，增加他们的停留时间。

**1. 要懂得用多种形式给粉丝发放福利**

主播在直播时，每隔一段时间，就要给粉丝发一波福利。例如，发优惠券来刺激粉丝的消费欲望；或者在评论太少时，通过随机截屏抽取几名粉丝送红包或是小礼物，提高粉丝的参与度，带动整个直播间的氛围。比如，主播可以说："我们有限量秒杀活动，但是仅限关注主播和加粉丝团的宝宝参与，还没有点关注的宝宝在上方点个关注，加入我们的粉丝团。"

**2. 产品试用，告知粉丝自己的使用感受**

如果主播卖的是服装，那么在直播时就要充当模特，试穿每一款服装，同时还要给粉丝讲解服装的材质、颜色、设计细节及试穿的感受。如果再搭配其他的单品，就等于同时宣传了两件产品，可以吸引粉丝购买这两件产品。如果主播卖的是农产品，一定要将产地、生产过程以及产品的优势告知粉丝。

**3. 粉丝的评论记得要回复**

主播在直播时一定要及时回复粉丝的评论。若有粉丝询问产地、发货地、发货周期等细节问题，主播要从产品的实际情况出发，如实告知粉丝。如果遇上促销，一定要告诉粉丝能争取到的最优价格，这样既能极大地刺激粉丝消费的欲望，也能获得更多粉丝的认可。

由于直播平台对主播的要求越来越严苛，主播除了需要提升对商品的理解，还需要丰富自身的专业知识，这样才能更好地为粉丝服务，才能更好地同粉丝进行互动。这也是现在每一个主播都需要努力的方向。

主播只有给粉丝快乐或者满足了粉丝心理上的需要，粉丝才会心甘情愿地给主播刷礼物或购物。一个懂得带动气氛、与粉丝交流互动、给粉丝带来快乐的主播，更容易得到粉丝的喜爱。

**4. 运用多种方式增强互动效果**

（1）红包

在直播间不定时地发红包，可以让进来的观众舍不得走开。发红包的方式有两种，以淘宝直播为例，主播既可以在支付宝中充值 2000 元，通过支付宝口令送红包；也可以充值 20 万个平台虚拟币，在直播间送虚拟币红包。发红包的目的是吸引关注和提升人均在线时长，所以不能一次性发完，要多次使用，打组合拳。这种方式特别适用于新主播与粉丝进行互动，新主播想要发展就要有粉丝，要先有流量才会有销量。通过发红包，如果新主播第一天的观众数达到 1000 到 2000 人，转粉率平均为 10%，即第一天就可以积累 100 到 200 个粉丝。在转粉率变动不大的情况下，可以大致推算出吸引一个粉丝的成本。

（2）抽奖

抽奖有很多种方式，除了常见的截屏抽奖，还可以结合直播平台的特性、功能和玩法，设计一些有利于数据增长的高级抽奖玩法。例如，策划一个叫“找找看”的直播间活动，观众从直播间中，找出编号为单数的产品里面某个字最多的一款，则可以得到礼品一份。这样既可以提高产品的单击率，也提升了观众在直播间的观看时长。这种方法远比直播抽奖的效果要好。

（3）秒杀

通过对好产品和好福利进行限时、限量秒杀的方法增强与观众的互动。有的观众喜欢秒杀，有的观众喜欢优惠券。具体使用哪种方式要根据看直播的观众而定，以便让观众形成购买行为。

# 任务四 电商直播的营销方法

## 一、推广和引流

推广和引流是电商直播的主要营销方法。什么是推广和引流呢？简单来说，就是利用各种渠道和方式，将其他平台的客户吸引到自己的直播平台或者店铺中的过程。常用的推广和引流渠道有 3 种：百度、腾讯和新浪微博。

### （一）百度的推广和引流

百度拥有数以亿计的用户，因此，在百度上推广优势明显。百度的推广和引流主要有 3 种方式。

**1. 百度贴吧、百度百科、百度文库引流**

百度贴吧、百度百科、百度文库因为免费，所以广受青睐。百度贴吧是一种中文网络社区。利用百度贴吧引流，主要是通过发帖子去吸引吧友，从而将这些吧友转化为视频直播用户。在利用百度贴吧引流的时候有几个技巧，见表 5–1。

**表 5–1 百度贴吧引流的技巧**

| 准确定位，找准方向 | 标题直白，直击要点 | 挑选合适的贴吧 |
|---|---|---|
| 对吧友进行准确定位；<br>调查吧友的真正需求；<br>不重复发帖；<br>以图片形式发送帖子 | 标题要直白，明确目的；<br>介绍直播的特色；<br>解读话题的角度新颖、有趣味性 | 挑选与自己直播有关的贴吧；<br>这个贴吧要有一定的知名度；<br>时常更新维护 |

百度文库和百度百科是通过文章来吸引路人的。在百度文库和百度百科上发表文章，必须目标清晰、定位准确，才能让路人看一眼就被吸引，最大限度地提高引流效率。

#### 2. 百度营销

商家利用百度营销进行付费推广，如果推广到首页，将会有更多的人看到。百度营销是一种需求式的广告，如果一个用户去百度搜索某个平台，那么这个用户往往就是对这个直播平台感兴趣才来的。百度营销首先要选择正规的推广公司，然后仔细挑选关键词，创意化介绍直播平台特色。

#### 3. 借助百度知道为电商直播汇聚人气

百度知道是电商直播平台推广和引流的有效途径之一。百度知道里有大量的用户在提问题，因此拥有很大的流量。在推广和引流时，要注意自己电商直播平台的关键内容，根据目标人群，提出问题或回答问题，吸引用户。如卖车厘子的电商，就可以用“车厘子在某店有销售吗”来提问，其中“某店”就是电商的店名；如果有人询问“哪里销售车厘子”，就可以用电商直播平台的链接来回答。

### （二）腾讯的推广和引流

腾讯的两大社交软件——QQ 和微信，拥有一批庞大而忠诚的粉丝。对于直播引流来说，利用 QQ 和微信来推广和引流，效果不容小觑。

#### 1. QQ 推广和引流的方法

可以在 QQ 空间中，寻找与视频直播有关的代表性文章，每天转载到 QQ 空间，这样有利于将好友转化为直播用户。这种方法短期效果不明显，长期坚持下来才能收获流量。还可以利用 QQ 群，找到与直播平台相关的 QQ 群，成为其中一员，利用群文件宣传自己的直播平台，写一篇与直播相关的宣传文章，用幽默风趣的语言，吸引人来阅读，在结尾处留下自己的 QQ 号等联系方式。

#### 2. 微信推广和引流的方法

微信融入了大众的生活，可以利用微信公众号、朋友圈和微信群来引流。微信公众号引流的具体做法是先申请一个微信号，然后创建微信公众号，用公众号做一系列的宣传活动，如软文推送、日志分享、与用户实时互动等，全方位展示平台特色，吸引用户，引来流量。

### （三）新浪微博的推广和引流

新浪微博是一个社交软件，其用户可以随时随地发布消息、分享心情，用户还能关注明星大咖，及时了解他们的动态。新浪微博信息传递效果强，话题更容易引发探讨，可以使直播平台信息迅速传播。新浪微博的引流做法如下。

首先，申请账号，并取名。如果主播在微博中有很多的熟人资源，则应该直接用自己的直播名，这样容易让熟人朋友查找并关注你；如果主播没有那么多的熟人资源，可以用一个与所要推广内容相关的微博昵称，或者直接用直播平台的名称。

其次，微博引流中要有效利用热门话题。热门话题有很多的参与者，他们都是直播平台的潜在用户。根据这些热门话题，主播还可以找到视频直播的内容创作方向。

最后，在微博中开展有奖竞猜、比赛、打折等多种活动来提高知名度，吸引用户。

## 二、福利营销

电商直播中，经常有主播向观众发放优惠券、小礼物当作观看直播的奖励，这就是营销的一种方式。利用发放福利的方式来吸引消费者购物，就称为福利营销。电商直播中，常见的福利营销方式如下。

### （一）以产品为核心派送福利

#### 1. 优惠券

优惠券的发放对象是直播间的观众，观众在直播和优惠券的双重诱惑下更容易激发购买欲望。

#### 2. 买一赠一

我们在超市里，经常能看见买一赠一的活动，这种促销手段同样可以用在直播间里。例如，在卖水果的直播间里，主播介绍完水果之后，屏幕上用巨大字体写着“今日买一斤送一斤”，店铺里的水果销售量立刻翻番。“28 元买一斤送一斤”和“直接打五折”看似价格一样，但对于卖家来说大不相同。买一斤送一斤能直接增加销量，而五折活动只能一斤一斤地卖。买一赠一的促销活动不一定指买原样商品赠原样商品，还可以是买一盒茶叶赠一个杯子等多种形式。关键在于以“赠”的方式吸引消费者的注意力。

**3. 神秘大礼**

“关注微信公众号就送礼”“关注微信公众号可以打折”“先关注再下单有优惠”，这些都是电商主播常用的引流方法。对于消费者来说，关注微信公众号以后，能更方便地搜索到购物页面，还能第一时间收到新商品介绍和优惠促销活动通知。对于卖家来说，关注微信公众号的人越多，自己的生意就有可能越好。“关注有礼”中的“礼”通常都是优惠券、虚拟货币或流量。

### （二）以节日为契机发放福利

商家利用节日进行促销活动，这就是纪念式的节日促销。节日促销一直都是非常有效的促销方式，具有反常规性、集中性和暴发性的特点。电商直播与节日结合起来，能在短期内造成轰动效应，吸引大批的流量，比如在情人节、母亲节、圣诞节、春节等节日期间，各大电商平台都有集中促销活动。最近几年非常火爆的淘宝“双 11”“双 12”，京东“6・18”，都是电商平台创造出来的购物狂欢节。如何利用节日来做好短期促销呢？

促销活动必须有针对性，直播时要以产品特性为核心，并结合节日的性质，实现有效促销。例如，在春节来临之际，走亲访友的人多起来，电商直播时，可以以礼品水果为卖点，同时结合春节贴对联、贴福字的习俗，向消费者宣传“买礼品水果送福字、送对联”，促使他们消费。

可以做一个节日日历放在桌子上，把每个节日提前圈好。把促销活动和节日搭配起来，等于站在消费者的立场给花钱找理由。结合自己的产品，选择最佳的促销时机，避免被各种活动刷屏，重大的节日提前做促销，不要在节日当天做。如果想要给消费者最佳的体验，就不要赶在快递高峰期做促销。

节日营销的方式要新颖，这样才能吸引足够多的消费者参与。比如要多举办一些优惠的活动，可以是打折、抽奖、送小礼品等，活动内容越精彩越能吸引消费者。

## 三、直播与卖货无缝对接

电商直播就是在直播的过程中给商品打广告，把直播观众当成客户。直播过程中，如何实现直播与卖货无缝对接呢？

直播中最直接与卖货对接的方式就是将微信号插入直播场景中："今天的直播就到这里了，如果有人对我的直播内容感兴趣，或者有什么问题想要问我，或者想购买网店里的东西，请关注屏幕下方的微信号，欢迎各位前来提问题和购买商品。"主播可以通过这样的方式引导观众关注其微信号，并去网店购买商品。还有的主播一边介绍商品，一边在直播画面的角落里打上二维码，然后提醒观众扫码购买，利用二维码来引导客户消费，使淘宝店铺的人气越来越高。在直播过程中间接展示微信二维码，或在直播快结束时公布微信号，可以让观众带着购物的心态去观看微信号上的内容。

## 思考与练习

1. 简述电商直播的营销方法。

2. 根据所学知识，说出 5 句直播话术。

3. 简述直播时的注意事项。

4. 根据所学内容，试着进行一次 10 分钟的电商直播。

## 学习总结

1. 你在本项目中学到什么？

2. 你在团队共同学习的过程中，曾扮演过什么角色，对组长分配的任务完成得怎么样？

3. 对自己的学习结果满意吗？如果不满意，还需要从哪几个方面努力？对接下来的学习有何打算？

4. 学习过程中经验的记录与交流（组内）有哪些？

5. 你觉得这个课程哪里最有趣，哪里最无聊？

# 项目六　农村电商平台运营风险防控

**【知识目标】**

1. 了解应遵循哪些网络规则。
2. 掌握如何注重客户体验。
3. 掌握如何进行产品推广。
4. 掌握如何防止网络陷阱。

# 任务一　遵守网络规则

电子商务是以信息技术应用和经济发展需求为基础，对经济可持续发展具有重要带动作用的新兴产业，我国电子商务正处在发展时期。加强电子商务标准化建设，对于促进经济增长方式的转变，推动经济社会又好又快发展具有重要意义。从业人员需要做到以下几点。

## 一、遵守国家法律法规

为保证交易过程的公平公正，维护社会秩序，我国颁布了《非金融机构支付服务管理办法》《网络商品交易及有关服务行为管理暂行办法》来规范电商市场。同时，根据之前颁布的法律法规，在不同的领域逐步完善、规范电子商务，如《中华人民共和国电子签名法》《中华人民共和国计算机信息系统安全保护条例》《中国互联网络域名注册实施细则》《非经营性互联网信息服务备案管理办法》《电子认证服务管理办法》《中华人民共和国计算机信息网络国际联网管理暂行规定》《互联网信息服务管理办法》《地震信息网络运行管理办法》等。

为依法查处网络食品安全违法行为，加强网络食品安全监督管理，保证食品安全，国家市场监督管理总局制定并于 2016 年颁布了《网络食品安全违法行为查处办法》(简称“办法”)。“办法”包括五章四十八条，五章分别为总则、网络食品安全义务、网络食品安全违法行为查处管理、法律责任、附则，对网络食品安全各方面进行了规定。

## 二、遵守平台规则

### （一）遵守平台准入规则

在电子商务过程中，涉及交易的部分都需要建立诚信体系，要本着对用户负责、诚信的态度，进行手机验证、邮箱验证等，保证交易双方互信互通。卖家在注册店铺的时候一定要实名认证，不能借用别人的身份信息登记店铺，否则容易引起不必要的纠纷。

**阅读链接**

**借他人身份证注册网店的网店归属权**

怡某多年前注册的淘宝网店，经过多年苦心经营，已达“皇冠”级别。然而，当初注册开店时，用的是男朋友阿甲的姐姐阿乙的身份证。随着双方关系恶化，阿乙以店主名义要求淘宝网冻结店铺，怡某无奈诉至法院。法院终审认定淘宝网店归怡某所有。

怡某用阿乙的身份证在银行开卡，以此绑定支付宝账户，在淘宝网注册店铺，并实际经营。

由于怡某和阿甲的关系恶化，阿乙将银行卡做挂失处理，并通知淘宝网、支付宝平台，称身份证被盗用，要求关闭绑定的淘宝店铺。几个月后，怡某向法院提起诉讼，要确认淘宝网店为自己所有，并要求阿乙赔偿网店冻结期间的损失 5.4 万元。

怡某表示，自己当初使用阿乙的身份证开店是得到其本人同意的。同时，为证明店铺是自己的，怡某还提供了网店的账户流水及发货凭证。然而，阿甲作为证人出庭时表示，自己没有参与银行卡办理事宜，对怡某获取阿乙身份证一事不知情。原审法院认为，怡某提供的账户流水及发货凭证，仅表明其对店铺实际行使经营管理权，但无法证明店铺的经营权主体与所有权主体所属。阿乙作为登记注册的店主，要求关闭店铺、冻结支付宝账户的行为并无不妥。

（来源于网络，有修改）

**点评：**怡某因使用他人身份证注册网店招来麻烦，被迫停止经营原有店铺。大家在开设网店时，不能图一时方便借用他人身份证，一定要用自己的身份证实名认证，避免不必要的纠纷。

### （二）遵守销售规则

作为卖家，必须遵守平台销售规则，不出售违禁商品，保证网页上显示的商品信息真实。对实物（有形）商品，应当从多角度多方位予以展现，不可对商品的颜色、大小、比例等做歪曲或错误显示。对于存在瑕疵的商品应当给予充分的说明并通过图片显示。图 6–1 是违禁品宣传。

图 6–1　违禁品宣传

**知识速递**

**违禁商品（节选）**

1. 爆炸性、易燃性、腐蚀性、毒性、放射性、挥发性的各种危险物品，如雷管、火药、汽油、酒精、煤油、桐油、生漆、火柴、农药等所有列入化学工业出版社出版的《化学危险品实用手册》中的化工产品。

2. 麻醉药物和精神药品，如鸦片、吗啡、可卡因、高根等；国家法令禁止流通或寄递的物品，如军火武器、货币等。

3. 反动报刊、书籍或者淫秽物品等。

4. 内置锂电池、化学电池等。

## 三、尊重客户隐私

在交易过程中，客户会提供姓名、电话号码、住址等信息。卖家有义务保护客户的隐私，不得随意向他人泄露客户信息，以免给客户带来困扰。另外，任何人不得收购隐私信息进行倒卖。孔子“礼”论如图 6–2 所示。

非礼勿视
非礼勿听
非礼勿言
非礼勿动

图 6–2　孔子“礼”论

**阅读链接**

**男子倒卖淘宝买家信息被判刑七个月**

生活中，我们经常会收到一些莫名其妙的售房、贷款的短信、电话。出现这些问题的主要根源就是公民个人信息的泄露。近日，某法院审理了一起倒卖淘宝买家信息的案件。

被告人郭某因一时没有找到合适的工作，经济比较紧张，就想到自己在上网时加入的“淘宝订单数据交流群”，这个群是专门用来倒卖淘宝买家信息资料的。

郭某想着自己也可以将低价批量买来的信息资料再从网上高价倒卖出去，这样足不出户，也可以赚到钱。于是，郭某通过交流群，花费较低的价格获取了淘宝、京东等购物平台内的客户信息资料，然后再以较高的价格倒卖出去，从中赚取差价。后来郭某涉嫌利用个人信息编造淘宝购物退费陷阱进行诈骗，被立案侦查，郭某非法获取公民个人信息的罪行暴露出来。

经人民法院审理查明，被告人郭某违反国家法律规定，非法获取公民个人信息，危害公民个人信息安全，情节严重，其行为已构成非法获取公民个人信息罪，被判处有期徒刑七个月，并处罚金 200 元。

（来源于网络，有修改）

**点评：**郭某因倒卖信息而遭受牢狱之灾，因此，大家一定不能铤而走险、泄露甚至贩卖个人信息，否则会受到法律制裁。

# 任务二　注重客户体验

## 一、为客户提供优质的商品

优质的商品能带来良好的客户体验，给客户留下深刻的印象。随着人们生活水平的提高，安全、绿色、无害的农产品成为客户的首选。

**阅读链接**

**发霉变质的月饼**

黄先生通过网站买了200箱月饼，总价6000元，运费50元，到货后黄先生发现月饼的表皮全部发霉了，在与店家沟通后，店家拒绝承担责任。后来辖区派出所召集双方进行调解，经协商，由店家补偿15000元给黄先生，其他不再追究，黄先生表示接受。

（来源于网络，有修改）

**点评：**民以食为天，加强食品安全工作，关系到广大消费者的身体健康和生命安全，必须抓得紧而又紧。食品企业应当建立食品安全自查制度，及时发现食品安全隐患。

## 二、为客户推荐合适的商品

在客户咨询产品时，可以询问客户的购买动机，为客户提供性价比最高的产品。比如，如果客户是自用，可以推荐普通包装；如果客户是送人，可推荐礼品包装。

**阅读链接**

**用心关联搭配，引得客户满意**

艾某在一家广告公司工作，收入不菲。艾某发现超市卖的家乡莲子品质很差，于是，她决定辞职创业，销售家乡特产。刚开始打理淘宝店时，艾某完全是电商界新人，但是非常善于学习知识、总结经验。“如果客户重复购买某款产品，那就需要为他准备一些搭配产品，这样客户只需要在一家店，便能买走所有需要的东西，而我们要做的只是做好品控。如此一来，不仅增加了店铺营业额，而且让客户更具黏性。”这是艾某对客户购物习惯的思考。此外，艾某会根据产品的关联、客户的需求，去增加一些跟店铺主打产品相关联的新品。例如，围绕莲子，艾某会提供食谱，客户可以搭配购买店里的红枣、银耳，从而做出一道莲子银耳红枣羹。

（来源于网络，有修改）

**点评：**艾某在销售时进行关联推荐，不仅方便客户做出美食，还能提高客单价，一举两得。图 6–3 为莲子红枣搭配。

**图 6–3　莲子红枣搭配**

## 三、价格公开透明

当前，电子商务平台竞争激烈，各平台为了吸引流量，除了利用中秋节等传统节日促销，还纷纷以“自创节日”进行促销。如京东平台的“6 · 18”，淘宝平台的“双 11”，还有其他平台的“周年庆”，都吸引了不少消费者观望。个别商家利用这些机会虚假折价，将价格较平时提高不少后再折价促销。

根据国家发展和改革委员会关于《禁止价格欺诈行为的规定》有关条款解释的通知，“虚构原价”，是指经营者在促销活动中，标示的原价属于虚假、捏造，并不存在或者从未有过交易记录。所称“虚假优惠折价”，是指经营者在促销活动中，标示的打折前价格或者通过实际成交价及折扣幅度计算出的打折前价格高于原价。

**阅读链接**

### 活动促销“优惠价”竟比原价高

何先生在某店买过一款进口蜂蜜，当时每瓶售价 189 元。“双 11”期间，何先生想用抵用券再多买几瓶时，发现这款蜂蜜的单价变成了 219 元。何先生算了算，按照手中满 350 元减 30 元的抵用券来算，单价 219 元的蜂蜜至少需要购买两瓶才能用券，两瓶则需要 438 元，减去 30 元，还要 408 元。而原先单价 189 元，买两瓶只要 378 元。

（来源于网络，有修改）

**点评：** 法律人士认为，何先生最初购买蜂蜜的价格应视为原价。用抵用券进行抵扣，这样的活动实际上属于促销活动，因此要受到国家发展和改革委员会规定的约束。无论这个活动怎么打折，最终价格都不应该高于原价。如果高于原价，就涉嫌价格欺诈。

## 四、商品描述与实物一致

由于农产品没有非常固定的标准，所以会出现消费者投诉买到的农产品大小不一、甜度不一的情况。为了避免纠纷，可以将出售的农产品按照大小、甜度等进行分级，根据品质制定不同价格进行销售。

图 6-4　红枣与硬币对比

例如，售卖红枣，可以根据红枣的大小进行分级，在描述红枣大小时可在配图里面放硬币、鸡蛋等大家更为熟悉的商品进行对比，如图 6-4 所示，让消费者对红枣大小有较为直观的了解。以免消费者因买到的农产品规格不一而投诉。

## 五、热心接待客户投诉

客户在购买农产品时，难免会遇到商品包装破损、客服推荐有误、图片与实物不一致等情况，客户在收到农产品时，若发现坏果并拍照告知店家，店家应该第一时间进行道歉，主动为客户提供免费退换货服务，以免失去客户信任。

在客户投诉时，一定要认真倾听并做好记录，及时安抚客户，与客户耐心沟通，尽快给出双方满意的解决方案，将客户投诉对店铺的负面影响降到最低。

**阅读链接**

**实物与描述不符的投诉**

张小姐在某购物平台上买车厘子，收到货后发现，果子全部小得可怜，最小的还没有一角硬币大，与描述不符，且整箱腐烂发霉，根本无法食用。

张小姐收到货后第一时间联系卖家，卖家给的答复是，水果是农产品，大小不好控制。张小姐到网站客服处投诉，大小不一样的果子价格也不样，这个谁都知道，但广告上既然说明了果子大小还特地在宝贝标题旁写明了假一赔十，就应赔偿商品价格的十倍。

（来源于网络，有修改）

**点评：**客服在接到张小姐的投诉之后，应该详细记录投诉的内容，分析投诉的原因，认定这起投诉的责任方，并协商处理方案。

# 任务三　重视产品推广

## 一、根据需求，精心设计产品包装

产品包装作为品牌识别要素的一部分，会让消费者产生对品牌的延伸思考，对后续购买其他产品产生影响。认准目标客户，分析他们的心理，推出合适的产品包装，可以起到很好的促销作用。

**阅读链接**

### 赵某专卖山珍，从创业基金 2000 元开始

2009 年，赵某回到老家创业。她发现，尽管家乡的木耳、蜂蜜、菌菇等土特产都有着比较高的知名度，但村民们不知该如何销售。赵某拿着家里给的 2000 元的创业基金，在淘宝网店开始，将家乡土特产销往全国各地。

其销售的土特产价格不便宜，目标消费者都是对生活品质和食品质量有着比较高要求的人，这些人对“野生”“天然”“绿色”这样字眼十分敏感。在了解消费者的特性后，赵某专程从成都请人设计了产品包装。由于花了心思，这个包装和一般土特产的包装截然不同，一看就很有品质，拿来送人也是上好的选择。“只卖山里人的东西”几个大字赫然印在了外包装上，消费者自然乐于接受。

除了花心思在外包装上，赵某在宝贝详情页上也下足了功夫。她将乡亲们采摘土特产的过程照片放在了详情页，这让消费者感受到了现场的真实，也拉近了和消费者的距离，在消费者中建立了良好的口碑，她的网店因此拥有了不少回头客。

（来源于网络，有修改）

**点评：** 赵某对目标客户进行了细分，将农产品的目标消费者定位为对生活品质要求较高的人群。为彰显产品品质、体现与众不同，她精心设计产品的外包装，从而打开了消费市场。

## 二、细分市场，提供品质出众的产品

卖家要想在市场中占据一席之地，就必须塑造本企业产品与众不同的形象，并自始至终为成就产品的高品质而努力，让产品品质成为金字招牌，被消费者口口相传。

**阅读链接**

### 无公害柚子一个卖 30 元仍然供不应求

耿某是外地人，来海南种植柚子是为了圆年少时的田园梦。在海南，市场上有不少品种的化肥质量不高，用这些化肥种出的柚子不好吃，于是，耿某就在老家创办了一家多功能饲料化肥厂。这种肥料除能用于种植无公害绿色食品，还能用于喂养猪、鸭、鱼。他为这一发明申请了专利，并应用在自己的柚树林中。

在耿某的柚树林中，可以看到成熟的柚子掉了满地，水池中也泡着不少。问耿某这是为什么，“还有埋在地下的你们没看见呢。”他说，为了保证水果无公害，采摘前三个月就停止打农药。但害虫们可不客气，别的地里的害虫也飞到这儿来，这样受过虫害的柚子只能任其熟落，不能卖给顾客。

尽管很心痛，产量也偏低，耿某还是觉得这么做值。“不能为了表面好看、产量高，就不顾农药对顾客的危害。”他说，“现在先要把产品的质量抓上去，然后抓规模。这里产的柚子外观上不一定比别人的好看，但是保证质量，不能坏了绿色无公害这个品牌。”现在，一个柚子能卖到 30 元，还供不应求，已远销上海等大城市。

（来源于网络，有修改）

**点评：** 耿某坚持种植有机柚子，虽然产量低，但赢得了良好的市场口碑，价格是普通柚子的几倍。在种植过程中保证产品的品质，会赢得市场认可。

## 三、精心对比，选择合适的销售平台

### （一）微商平台

土特产对产品的展示要求不高，较工业品而言，更适合通过微商平台进行销售。一般而言，微商选择朋友圈或者微店这样的平台，微商平台编辑商品信息相对传统电商平台更为简单。如果店铺销售的品种不多，可以先试试微店这类平台。

**知识速递**

微店作为移动端的新型销售平台，通过手机号码即可开通，并可一键分享到社交平台来宣传自己的店铺促成交易，降低了开店门槛，简化了手续，回款为一到两个工作日。

发朋友圈或者经营微店都是通过手机进行，更新信息方便快捷。微商平台需要口碑营销，卖家需要积累一定的人际关系，才能获得较大销售量。

### （二）传统电商平台

**1. 选择知名度高的电商平台**

传统电商平台如淘宝、京东，都有很高的知名度和较为稳定的消费群体，每个平台都有不同的开店流程和管理规则。入驻者可以从开店性价比、流量引入难易度、店铺管理便利性几个方面综合考虑，同时，可考察平台是否有“爱心助农”“精准扶贫”等专栏。

**2. 选择农村电商专门平台**

大的平台知名度高，但是有些平台入驻成本较高。如果前期启动资金有限，不妨选择入驻专门的农村电商平台，这样不仅可以降低入驻成本，还能实现广告精准投放。

**阅读链接**

北京一亩田新农网络科技有限公司（以下简称“一亩田”）成立于2011年，是一家基于移动互联网技术、深耕农产品产地、提升农产品流通效率的互联网公司。成立以来，着眼于全品类农产品，打造了全国领先的农业互联网综合服务平台。平台定位于推动“农产品进城”，致力于“让每一亩田更有价值”。

## 四、冷静思考，切勿内心浮躁

网店经营初期，难免遭遇流量低、客户少的情况，甚至十天半个月都没有几个客户光临。店家不能为了引得流量，不顾推广成本，大肆做引流广告，造成广告成本过高，影响网店后续发展，而应该找准目标客户、找准店铺定位，同时多学习同行卖家的经营经验，诊断自己店铺存在的问题，对症下药，不断改进店铺的经营策略，还可以与其他网店抱团取暖，共促发展。

**阅读链接**

**团结当地乡亲，发展电商产业**

赵某刚开始创业时，只有一间5平方米的办公室，如今她拥有了标准化厂房。当初赵某说要为家乡发展做贡献，她也确实做到了：她2年时间里共吸纳3000多名留守妇女及老人在基地务工，并且给周围300多户农民免费发放菌种，提供种植技术。

据赵某介绍，团队中年轻人居多，而且大部分是“90后”，他们嗅到了电商发展带来的商机，放弃了外出务工的想法，毅然选择留在家乡参与销售山货的工作。

（来源于网络，有修改）

**点评：**青年电商赵某在网店发展到一定规模之后，吸纳当地留守妇女以及老人在基地务工，发挥各自的专长，将品牌做得有声有色。地处偏远山区的网店有产品资源优势，网店的发展壮大则需要大家齐心协力、互帮互助。

随着网络交易市场规模的不断扩大，参与网络经营的人数持续增加，网络市场的竞争越来越激烈。为了不断扩大市场影响力和占有率，就需要形成独具特色的电商品牌，这样才能在激烈的市场竞争中占有一席之地。

# 任务四　谨防网络陷阱

在农村电子商务活动中，确保整个交易过程中系统的安全性至关重要。一方面，部分消费者安全意识不强，安全配置不当，容易造成系统存在安全漏洞；另一方面，由于互联网的开放性和虚拟性，病毒和恶意程序不断出现，这不仅威胁消费者的个人隐私和信息安全，也会恶意破坏企业网站。网络安全问题已成为影响农村电子商务健康发展的因素。

## 一、提防钓鱼网站

### （一）钓鱼网站

“钓鱼”是一种网络欺诈行为，指不法分子利用各种手段，冒充真实网站的 URL 地址以及页面内容，或利用真实网站上的漏洞在站点插入危险的 HTML 代码，以此来骗取用户借记卡或信用卡账号密码等私人信息。

钓鱼网站通常指伪装成银行窃取用户银行账号、密码等私人信息的网站，可用杀毒软件进行查杀。

### （二）钓鱼网站陷阱

#### 1. 发布中奖信息

以“中奖”等信息为诱饵，在淘宝旺旺、QQ 等即时通信工具上发布中奖信息，诱骗用户给指定银行账号汇款。

阅读链接

**轻易相信中奖信息被骗**

一天早上，小张收到一条来自淘宝旺旺的信息，大概内容是他被选为淘宝网某店铺的重要客户，店铺为答谢老客户进行了抽奖，他抽中了一等奖，奖品是2000元和一台笔记本电脑。小张喜出望外，连忙单击领奖地址。领奖的页面就是“淘宝首页”，在打开的页面上，小张输入了附短信而来的验证码，果然显示自己中奖了。在奖品说明书的旁边显示，领取奖品需要交1200元个人所得税，交完后打电话告诉工作人员，工作人员就会立即帮他办理领奖手续。如果当天不办理，则视为自动放弃领奖。小张正好手头紧，他想也没想，就给对方汇去了1200元，并打电话要对方尽快发奖品过来，对方满口答应。几天过去了小张并没有收到奖品，他打电话过去，电话要么占线要么无人应答。小张把这事告诉了朋友小王，小王打开小张提供的网站，发现了端倪：这个网站的页面做得跟淘宝首页很相似，仔细一看，在地址栏那里只有一个字母跟淘宝网的网址不同。不仔细观察，很容易上当受骗。

（来源于网络，有修改）

**点评：**不要轻易相信中奖信息，在收到中奖信息后，一定要提高警惕，仔细查看网址，比对每一个字母信息，否则容易被骗取钱财。

**2. 制作山寨网站，套取客户信息**

模仿客户获取店家信任之后，发送网页链接，引诱店家点开，并按照流程一步一步引其进入圈套，盗取店家的银行卡信息，从而转走店家银行卡余额、支付宝余额。

阅读链接

**点开陌生网页链接被转走支付宝余额**

小明是一位新手店家，有天他收到一条信息：“老板，你店里的商品怎么拍不了？”并附有商品链接。小明误以为是客户发来的，便立马点开链接，殊不知进入了骗子早已布好的钓鱼网站中，支付宝中的余额被全部转走。原来小明被不法分子注意已久，他们冒充客户发送消息给店家，店家如果在钓鱼网站上输入自己的淘宝账号和密码，不法分子就可以在后台程序上看到，从而成功盗取卖家的淘宝账号，将余额悉数转走。

**点评：**当卖家收到链接地址时，不要轻易点开，一定要先确认是不是自己店铺商品的链接地址，应仔细核对链接地址中的字母大小写、字母符号。特别是注意“b”“p”“d”“m”“n”这些容易混淆的字母。

一般而言，不法分子使用的钓鱼手法技术含量并不高超，或者利用人们贪图便宜的心理，或者利用部分网民防范意识薄弱的缺点。由于“网络钓鱼”都是以大奖诱惑消费者，消费者要对网络中奖活动提高防范意识，而且在网络支付时要小心谨慎，要通过域名注册信息、第三方权威认证服务等多种手法验证网站真实性。同时，网民一定要重视个人信息的保护，包括个人联系方式、身份证号码、银行卡信息等。

## 二、谨慎网上推广

很多店铺经营初期，客流量都不稳定，骗子利用店家急于求成的心理，发布推广店铺信息，诱使店家上当受骗。

**阅读链接**

**网上创业寻推广，网店店主被骗 6000 余元**

王某在网上开了一个店铺卖衣服，但生意一直不好。后来，王某听朋友说可以在网上找人推广，于是便在网上发布了一条寻求推广的信息。

后来，有一家公司回复他，称不但可以为其网店做推广，而且能为他供货。于是，王某抱着试试看的想法与对方联系，对方在电话中称只要王某先交 180 元的指导费，就可以为其供货，等货物卖出后再付货款。王某觉得对方的要求可以接受，就用支付宝将 180 元汇到对方指定的支付宝账号上。

过了几天，对方一直没有发货。王某再次与对方联系，对方称需要再交 6000 元的推广费，王某又为对方汇过去 6000 元。过了一会儿，对方又称需要再交 1500 元的“销售模板费用”，此时，王某觉得不对劲，遂走进派出所报案。

（来源于网络，有修改）

**点评：**开店初期，一定要分析自己店铺的产品特色，选择合适的方式进行推广，如果销售业绩不佳，可以选择专业、知名的推广机构进行推广和运营，切忌盲目相信网上所谓高性价比的推广机构。

## 三、警惕“软件升级”

店家为了轻松管理店铺，通常会选择一些软件辅助开店。这些辅助开网店的软件，因可装修店铺、获得货源，且使用简单便捷成为很多店主青睐的工具。有骗子打着“软件升级”的幌子，让店家一步步落入圈套。

**阅读链接**

### “软件升级”让店家损失惨重

某地警方陆续接到报案，报案的都是开网店的市民。刘某用软件辅助开店一年多了，前几天突然接到“客服”来电，称软件要升级了，对方还表示，如果不立即升级，三天后软件就无法使用。

刘某要求马上升级，“客服”让他加 QQ 免费升级。刘某加上对方的 QQ 后，对方称，要从刘某这里收取一定的押金，在升级完成后押金会通过网上退货的方式返还，而押金是通过购买物品的方式支付。刘某当即按照对方的要求，在电脑上登录自己的支付宝，并接受了对方通过 QQ 发来的远程控制要求。

之后，对方便控制了刘某的电脑，登录了一个网店，并购买了里面的物品。刘某在对方操作完毕后，按照对方要求输入了自己的支付密码。刚一付钱，刘老板就发现 QQ 突然断开了，同时 QQ 显示对方不再是自己的好友。最终，刘某的支付宝被人盗刷 1.6 万元。

（来源于网络，有修改）

**点评：**在遇到“软件升级”的淘宝旺旺、QQ 提示或者接到类似电话时，店家务必到相应软件开发商的官网进行核实，或者找到官网客服电话进行核实，确保信息的可靠性，千万不要被对方的“不升级影响生意”恐吓住。筑牢防治网络诈骗和陷阱的“安全墙”。图 6-5 为网络安全宣传图。

图 6–5　网络安全宣传图

为加快推进我国农村电子商务的发展，应完善相关风险管理机制，创造公平公正的交易平台，对农村电子商务交易主体进行科学、合理界定，既是健全农村电子商务交易法律保障机制的前提，也是维护消费者合法权益的途径，只有做好“双管齐下”的工作，才能激发农村电子商务的发展活力。

## 思考与练习

1. 简述如何防止网络诈骗。

2. 简述如何提高客户体验。

3. 根据所学知识，设计一款高端农产品外包装，并阐述设计理念。

4. 根据所学内容，说出常见的网络诈骗手段。

## 学习总结

1. 你在本项目中学到什么？

2. 你在团队共同学习的过程中，曾扮演过什么角色，对组长分配的任务完成得怎么样？

3. 对自己的学习结果满意吗？如果不满意，还需要从哪几个方面努力？对接下来学习有何打算？

4. 学习过程中经验的记录与交流（组内）有哪些？

5. 你觉得这个课程哪里最有趣，哪里最无聊？